LA ABOLICIÓN DE LA ESCLAVITUD

Estudio sobre el alcance de la Decimotercera Enmienda
a la Constitución estadounidense

KARIN CASTRO CRUZATT

LA ABOLICIÓN DE LA ESCLAVITUD

Estudio sobre el alcance de la Decimotercera Enmienda a la Constitución estadounidense

Prólogo
FERNANDO REY MARTÍNEZ

⫴ARANZADI

© Karin Castro Cruzatt, 2024
© **Editorial Aranzadi, S.A.U.**

Editorial Aranzadi, S.A.U.
C/ Collado Mediano, 9
28231 Las Rozas (Madrid)
Tel: 91 602 01 82
e-mail: clienteslaley@aranzadilaley.es
https://www.aranzadilaley.es

Primera edición: 2024

Depósito Legal: M-11369-2024
ISBN versión impresa: 978-84-1162-523-4
ISBN versión electrónica: 978-84-1162-524-1
Incluye soporte electrónico

Diseño, Preimpresión e Impresión: Editorial Aranzadi, S.A.U.
Printed in Spain

A mis padres, con cariño y gratitud infinita

Índice General

	Página
AGRADECIMIENTOS	11
PRÓLOGO	13
INTRODUCCIÓN	17

CAPÍTULO 1

LA ESCLAVITUD Y SU POSICIÓN EN EL CONSTITUCIONALISMO ESTADOUNIDENSE 21

1.1.	El origen de la esclavitud en los Estados Unidos de América	21
1.2.	La «constitucionalización» de la esclavitud	30
1.3.	El debate en torno a la esclavitud	37
1.4.	La Proclamación de Emancipación	42

CAPÍTULO 2

LA RECONSTRUCCIÓN Y LA ADOPCIÓN DE LA DECIMOTERCERA ENMIENDA 47

2.1.	Apuntes sobre la *historia legislativa* de la Decimotercera Enmienda	50
2.2.	El contenido de la Decimotercera Enmienda	54
2.2.1.	La sección 1. La abolición de la esclavitud y la prohibición de servidumbre involuntaria	55
2.2.2.	La Punishment Clause ¿una excepción a la abolición de la esclavitud y la servidumbre involuntaria?	59

Página

2.2.3. *La sección 2 de la Decimotercera Enmienda. La* Enforcement Clause 63

2.2.4. *La sección 1 de la Enmienda de la Abolición y la protección contra los símbolos e incidentes de la esclavitud* 72

2.3. **Las primeras medidas adoptadas al amparo de la Decimotercera Enmienda: La Ley de Derechos Civiles de 1866 y la creación de la *Freedmen's Bureau*.** 78

2.4. **La emergencia del denominado peonaje negro** 86

2.5. **Reflexión final.** 104

REFERENCIAS. 107

Libro electrónico. Guía de uso

Agradecimientos

Quisiera dedicar este apartado a recordar a personas que de una manera u otra han acompañado mi largo camino predoctoral. En primer lugar, quiero realizar una mención especial a mi director y maestro, Fernando Rey Martínez, por el apoyo que me ha brindado en el desarrollo de mi tesis. Muchas gracias por el ánimo y optimismo que has sabido infundirme y, por supuesto, por tus consejos y recomendaciones. Quiero extender mi gratitud a la Facultad de Derecho de la Universidad de Valladolid, en especial al área de Derecho Constitucional, en el marco de la cual realicé mis estudios predoctorales, y en la que hoy me integro como profesora asociada de la Facultad de Ciencias Jurídicas, Sociales y de la Comunicación en Segovia.

También quiero recordar a mi añorada Facultad de Derecho de la Pontificia Universidad Católica del Perú, en Lima, en la que tuve el privilegio de estudiar y trabajar como profesora de Derecho Constitucional. Guardo los más gratos recuerdos de mi paso por la PUCP. A Francisco Eguiguren, maestro y amigo, gracias por tu amistad sincera, tu escucha y tu ejemplo de coherencia y autenticidad.

A mis amigos de la primera etapa del doctorado, especialmente a Liliana Galdámez Zelada y a Andrés Gutiérrez por una amistad que no conoce de distancias ni fronteras.

A mis queridos Flora, Patricia y Alejandro por vuestro apoyo incondicional, vuestro cariño, vuestra compañía, en definitiva, por vuestra amistad.

Gracias a mi familia, a mis hermanos y, muy especialmente, a mis padres que a lo largo de su vida han sido un ejemplo de trabajo, vocación y compromiso democrático.

A mi querido José Carlos y a nuestra pequeña Natalia, por compartir la ilusión por cada paso que doy.

Prólogo

Por uno de esos felices azares de la vida, tuve el honor de conocer a una magnífica profesora de Derecho Constitucional de la Pontificia Universidad Católica del Perú, sede Lima, hace ya algunos años, y más tarde de dirigir su tesis doctoral (leída en Valladolid el 25 de febrero de 2021), una de cuyas partes, correspondientemente reelaborada se publica aquí y ahora. Hablo de Karin Castro Cruzatt, actualmente compañera en la Universidad de Valladolid (ella en el campus de Segovia y yo en el de Valladolid).

En el marco de una investigación más amplia sobre las bases o fundamentos teóricos del Derecho a no ser discriminado en los Estados Unidos de América, un asunto de enorme relevancia porque es allí donde surgió y se ha desarrollado de la forma más notable el Derecho Antidiscriminatorio, más tarde exportado a todo el orbe democrático, Perú y España, por ejemplo, Karin Castro ofrece en este libro una panorámica del origen histórico de la igualdad étnico racial: la famosa Enmienda XIII de la Constitución federal norteamericana. Una Enmienda que es mundialmente conocida porque fue fruto de la Guerra Civil norteamericana y significó, en 1865, la abolición de la esclavitud de los afro-descendientes en suelo norteamericano. Ya antes algunos Estados del Norte habían abolido la injusta institución de la esclavitud; por ejemplo, Massachusetts, cuyos tribunales tomaron en serio la declaración de igualdad (a partir de la Sentencia de su Tribunal Supremo estatal Commonwealth v. Jennison) La XIII Enmienda supuso la abolición de la esclavitud para más de 40 millones de esclavos afro-descendientes.

La esclavitud norteamericana es una institución sorprendente. Choca, por ejemplo, que se mantenga por los mismos que se quejan de la subyugación británica. Quizá porque era una institución económica fundamental de los Estados sureños (basada sobre todo en el cultivo de algodón, arroz y tabaco). Llama la atención que se compatibilizara con declaraciones tan solemnes como la de Independencia y su enfática simpatía hacia la libertad, la igualdad o la búsqueda de la felicidad. El trabajo de Karin Castro observa cómo la redacción originaria de la Constitución federal norteamericana (1787) se refiere tácitamente a la esclavitud para considerar el número de esclavos de un Estado a la hora de tener en cuenta su población para conceder mayor o menor peso en orden a determinar el número de representantes en la *House* o de compromisarios para elegir Presidente; o para retrasar hasta 1808 la prohibición del tráfico de esclavos (aunque no su abolición, lo que disparó el tráfico desde el final de la Guerra Civil —declarada para terminar con la esclavitud—); o para identificar como esclavos a los fugitivos en otro Estado y la obligación de entrega a sus dueños. De modo que la misma norma que es, con permiso de las constituciones estatales americanas, la primera Constitución del mundo en el tiempo, la más influyente, obra de la Ilustración, de la Revolución americana y de las Luces, tiene también un legado oscuro, de sombras y opresión.

Con la Reconstrucción emerge el precedente del Derecho antidiscriminatorio en el mundo entero, sí. En 1865, se aprueba la XIII Enmienda que abole la esclavitud, en 1868, se aprueba la XIV Enmienda, que declara la igual protección de las leyes para todos.

Pero el libro de Karin Castro no se detiene ahí. Nos muestra, con realismo, cómo ambas Enmiendas fueron soslayadas con argumentos más o menos sofisticados durante casi un siglo. La esclavitud dio paso a una figura atenuada pero particularmente odiosa: la discriminación racial. Es verdaderamente sorprendente la variedad de técnicas que se utilizaron para seguir explotando y abusando de la población afro-descendiente: desde las limitaciones jurídicas de los *black codes* (prohibiciones para votar, adquirir propiedades, etc.), hasta los peonajes negros (como el arrendamiento de condenados negros a empresarios o la alternativa de trabajos forzados para evitar entrar en prisión), pasando por formas de trabajo abusivas (con un salario reducido más la comida, por ejemplo, entre otras figuras). Adiós esclavitud, bienvenida discriminación racial.

Más tarde, la doctrina separados pero iguales consagró la segregación racista hasta 1954 y después, incluso en nuestros días, la tesis de la igualdad entendida como identidad, la doctrina *race blind*, que es el corazón de sentencias del Tribunal Supremo federal como la de Harvard y Carolina del Norte (2023), en las que se sostiene que tener en cuenta el factor étnico como uno más favorable a la admisión de las universidades es totalmente contrario a la cláusula constitucional de igualdad de la XIV Enmienda, mantienen viva esa misma llama de la discriminación racial en los Estados Unidos.

Una discriminación racial que también sigue vive, poderosa pero oculta, en nuestro propio país, aunque la mayoría de la gente la asocie a otras latitudes como Estados Unidos. España es el país europeo donde más tarde se abolió realmente la esclavitud, donde se hicieron enormes fortunas sin que nadie se haya responsabilizado y donde, como en el resto del mundo, existen formas arraigadas de neo-esclavitud en relación, por ejemplo, con el trabajo inhumano y degradante de las mujeres extranjeras que son conducidas a ejercer la prostitución en un contexto social de tolerancia o de extranjeros que son sometidos a condiciones de trabajo abusivas. No es ético mirar para otro lado.

El delicioso libro de Karin Castro nos presenta esa verdad incómoda que es la esclavitud y que no es sólo un fenómeno norteamericano, sino una realidad que obliga a todos los países a mirarse en el espejo y a no ser complacientes.

Prof. Fernando Rey Martínez

Universidad de Valladolid

Introducción

La presente monografía está dedicada al estudio de la Decimotercera Enmienda a la Constitución estadounidense y toma como base la primera parte del trabajo de investigación que constituyó mi tesis doctoral, dirigida por el Prof. Fernando Rey Martínez (Catedrático de Derecho Constitucional de la Universidad de Valladolid). La tesis fue defendida en la Facultad de Derecho de la Universidad de Valladolid el 25 de febrero del año 2021, obteniéndose la máxima calificación Sobresaliente *cum laude*. El Tribunal estuvo presidido por la Prof. María Ángeles (Maggy) Barrère Unzueta (Catedrática de Filosofía del Derecho de la Universidad del País Vasco), y en él actuaron como vocales el Prof. Víctor Ferreres Comella (Catedrático de Derecho Constitucional de la Universidad Pompeu Fabra) y el Prof. Juan María Bilbao Ubillos (Catedrático de Derecho Constitucional de la Universidad de Valladolid). A todos ellos debo agradecer sus valiosos aportes y sugerencias.

El estudio de la Enmienda de la Abolición es relevante porque en la esclavitud que se desarrolló en las colonias americanas se sentaron las bases para la conformación de la sociedad racialmente jerarquizada y que condiciona la vida de miles de ciudadanos y ciudadanas americanos en la actualidad. La esclavitud representó el signo más visible de desigualdad inscrito en el más alto nivel normativo y los sesgos y prejuicios sobre los que reposó esta construcción se mantienen vigentes, aunque se manifiesten con ropajes distintos. El «asunto racial» continúa siendo un problema latente, irresuelto y crónico. Su influjo se puede apreciar en la violencia policial ejercida sistemáticamente contra los afroamericanos y afroamericanas que sigue cobrándose las vidas de ciudadanos y ciudadanas estadounidenses año tras año y que ha dado lugar al movimiento *Black Lives Matter*, así como en el funcionamiento del sistema penal y la segregación racial *de facto* bajo la cual operan aún miles de centros educativos.

Desde el punto de vista jurídico, la relevancia de esta investigación es innegable. Las circunstancias históricas que dieron lugar a la adopción de la Decimotercera Enmienda determinaron el nacimiento del Derecho Antidiscriminatorio estadounidense que ha tenido una influencia global. Una gran variedad de instituciones y categorías que se han extendido por diversos ordenamientos jurídicos como las acciones afirmativas, la discriminación indirecta, el enfoque interseccional y la doctrina de las clasificaciones sospechosas, entre otras, se crearon en medio de la lucha por la igualdad racial y tuvieron como marco normativo la interpretación y estudio de la Decimotercera Enmienda y de la Cláusula de Igualdad que alberga la Decimocuarta Enmienda de la Constitución americana.

Esta investigación se ha estructurado en dos capítulos. En el Capítulo I se analiza la posición de la esclavitud en el constitucionalismo estadounidense. Para tal efecto, se indaga sobre el origen de este instituto en las colonias americanas poniendo en evidencia el proceso a través del cual la servidumbre pasó a convertirse en una institución de sujeción absoluta, perpetua y, sobre todo, racializada. Para su justificación fue necesario promover la deshumanización del colectivo esclavizado, quienes se consideraban seres carentes de dignidad y de los derechos más básicos.

Después se analiza el marco constitucional fundacional destacando la protección que la Constitución de 1787 concedió a este instituto y que estaba en abierta contradicción con los valores que inspiraron la Declaración de la Independencia de las colonias americanas que proclamaba que «todos los hombres son creados iguales». Como se verá, diversas cláusulas constitucionales fortalecieron este instituto y garantizaron la continuidad del poder esclavo por un largo período de tiempo.

Tras el estudio del debate en torno a la esclavitud y de la revisión de los efectos jurídicos y políticos de la Proclamación de la Emancipación suscrita por Lincoln, el 1 de enero de 1863, se inicia el Capítulo 2. En éste se examina el contenido de la Decimotercera Enmienda, adoptada en el año 1865, mediante la cual se erradicó formalmente la odiosa institución. La Enmienda, aprobada en un período crítico de la historia americana conocido como la Reconstrucción, tiene un contenido amplio y generoso. La sección 1 de este precepto, expresado en clave prohibitiva, contiene un mandato que rechaza la esclavitud y la servidumbre involuntaria. Esta disposición, además, tiene el potencial de adaptarse a nuevas realidades y responder a fenómenos contemporáneos que entrañen la vulneración de los valores que se buscaron proteger a través de su adopción. Además, esta disposición no está sujeta al requisito de la *state action* y tiene un carácter autoejecutable. La sección 2, por su parte, contiene la *Enforcement Clause* que constituye una cláusula de garantía mediante la cual se dota al Congreso de un poder y un deber de dictar la legislación necesaria para asegurar la eficacia de la Enmienda.

Pese a que la incorporación de esta cláusula constitucional supuso una ruptura con el régimen constitucional anterior, de poco sirvió para desterrar la profunda desigualdad que había provocado la esclavitud. Como se tendrá ocasión de comprobar, los *Black Codes* y las instituciones penitenciarias creadas tras su ratificación, y que dieron lugar al mal denominado peonaje negro, mantuvieron a la población emancipada en un estado de esclavización *de facto*. La ausencia de voluntad política para luchar contra estas prácticas, la aceptación social de las mismas por una sociedad construida sobre la base de las jerarquías raciales y el tímido papel que desempeñó la judicatura de todos los niveles en detener este sistema, se conjuraron para fortalecer estos institutos y socavar la eficacia de la Enmienda de la Abolición.

A lo largo del tiempo, el potencial transformador de la Decimotercera Enmienda se ha ido menoscabando. Una serie de decisiones han restringido el poder del Congreso de vigilar la eficacia de su mandato —*enforcement power*— al estrechar la comprensión de los «símbolos, incidentes o reliquias de la esclavitud». Al mismo tiempo, se ha venido imponiendo una interpretación que escinde las dos secciones de la Enmienda y reduce la sección 1 a una disposición cuya principal virtualidad es prohibir la esclavitud y la servidumbre involuntaria. La capacidad de los tribunales para desplegar su protección frente a casos en los que se afecte el derecho a no verse sometido a prácticas que puedan ser calificadas como «símbolos, incidentes o reliquias de la esclavitud» se ha venido rechazando al considerarse que dicho concepto está diseñado para encauzar el poder que reconoce la sección 2 al Congreso y requiere, necesariamente, desarrollo normativo.

Pero tal vez el aspecto más preocupante —y contradictorio— con el origen, la finalidad y la naturaleza de la Enmienda reside en el carácter neutro con el que se viene interpretando su significado. La Enmienda de la Abolición nació para hacer frente a una de las instituciones más lacerantes y violentas que afectaba a un grupo social concreto y, con su aprobación, se pretendió reconocer a este colectivo los derechos que hasta ese entonces le eran negados. Las primeras medidas aprobadas tras su incorporación no dudaron en explicitar el conjunto de libertades que componían su nuevo estatus, y tampoco vacilaron en implementar mecanismos *race conscious* para asistirlos en el tránsito entre la esclavitud y la ciudadanía. La Enmienda de la Abolición, por tanto, es una cláusula asimétrica y solo una interpretación coherente con esta naturaleza puede garantizar su plena efectividad.

Capítulo 1

La esclavitud y su posición en el constitucionalismo estadounidense

SUMARIO: 1.1. EL ORIGEN DE LA ESCLAVITUD EN LOS ESTADOS UNI-DOS DE AMÉRICA. 1.2. LA «CONSTITUCIONALIZACIÓN» DE LA ESCLAVITUD. 1.3. EL DEBATE EN TORNO A LA ESCLAVITUD. 1.4. LA PROCLAMACIÓN DE EMANCIPA-CIÓN.

«Los hombres tienen generalmente necesidad de grandes y constantes esfuerzos para crear males duraderos, pero hay un mal que penetra furtiva-mente en el mundo. Al principio, apenas se le percibe en medio de los abusos ordinarios del poder. Comienza con un individuo cuyo nombre no conserva la historia, se le deposita como un germen maldito en algún punto del suelo, a continuación, se alimenta de sí mismo, se extiende sin esfuerzo y crece naturalmente con la sociedad que lo ha recibido. Ese mal es la esclavitud». De Tocqueville Alexis, La Democracia en América, I (traducida por Eduardo Nolla), Madrid, Aguilar, S. A. de Ediciones, 1989, p. 327.

1.1. EL ORIGEN DE LA ESCLAVITUD EN LOS ESTADOS UNIDOS DE AMÉRICA

La Declaración de la Independencia de las colonias norteamericanas, de 1776 proclamaba que «todos los hombres son creados iguales y son dotados por el creador de ciertos derechos inalienables». Este documento, imbuido de la teoría de los derechos naturales de John Locke, abrazaba la «libertad universal» (Tsesis, 2004, p. 6) como principio fundacional de la nación y consideraba a «la Vida, Libertad y la búsqueda de la Felicidad» como dere-chos inalienables de toda persona[1]. La consagración universal de libertad

---

1. Cabe señalar que la redacción original de la Declaración, que estuvo a cargo de Tho-mas Jefferson, mencionaba entre los cuestionamientos contra el rey Jorge III el rol de

de la Declaración, sin embargo, constituía un auténtico «dilema moral» en un país en el que la esclavitud se afianzaba año tras año, al punto de llegar a convertirse en una institución fundamental (Tsesis, 2004, p. 10). La «institución peculiar», como la denominó Kenneth Stampp en su clásica obra (1956), también resultaba notoriamente incoherente con las reivindicaciones de los revolucionarios, que denunciaban que se encontraban sometidos al «yugo de esclavitud británica» (Tsesis, 2004, p. 7), al tiempo que mantenían privados de la libertad y de los derechos más elementales a miles de hombres y mujeres. La reivindicación de la libertad frente a la esclavitud política a la que estaban sometidas las colonias norteamericanas por el Imperio Británico contrastaba con la complacencia e indiferencia con la que se enfocaba la presencia creciente de esta institución en estos territorios.

El año 1619 suele considerarse el punto de inicio de la esclavitud de los afroamericanos en los Estados Unidos de América. Se señala, concretamente, la venta de veinte africanos realizada por comerciantes holandeses a las autoridades de Virginia que en ese entonces era la única colonia inglesa en el nuevo mundo (Starr, 1973, p. 1 y 2)[2]. Pero la creencia extendida durante el siglo XIX de que las personas procedentes de África llegaron a las colonias británicas siendo esclavos, que se apoya en este episodio, ha pasado a convertirse en un punto de referencia relativo. Diversos estudios señalan la inexactitud de esta referencia (Craven, 1971) y, sobre todo, ponen en cuestión que los africanos y africanas que arribaron en dicho período a las colonias británicas de Norteamérica lo hicieron en calidad de esclavos.

La obra publicada en el año 1902 por James C. Ballagh —A History of Slavery in Virginia— fue uno de los primeros trabajos en poner en cuestión el consenso predominante en este aspecto tan importante para la historia estadounidense (Vaughan, 1989, p. 312). Ballagh sostuvo que los primeros africanos llegados a América estuvieron en un régimen de servidumbre. Se apoyó, fundamentalmente, en la existencia de afroamericanos libres y en la falta de reconocimiento legal de la institución que aconteció hacia 1660 (Vaughan, 1989, p. 312 y 313). Su posición tuvo influencia en diversos auto-

---

la corona inglesa en la promoción del comercio internacional de esclavos, una actividad considerada «contraria a la naturaleza humana» y que violaba «la vida y libertad» de miles de personas. Los estados esclavistas, concretamente los representantes de Carolina del Sur, se opusieron ferozmente a que esta alusión aparezca en la versión final de la Declaración ya que se hubiera convertido en un obstáculo para la continuidad de esta actividad y por ello fue omitida de su versión definitiva, (Graham, 2003, p. 3). Paradójicamente, Jefferson era dueño de una plantación cultivada por aproximadamente 100 esclavos de su propiedad a los que nunca emancipó, (Kluger, 2004, p. 28).

2.   Arber Edward, Bradley A. G. (eds), Travels and Works of Captain John Smith, Edinburgo, 1919, vol. 2, p. 541, citada por (Winthrop, 1962, p. 18).

res que exploraron este aspecto llegando a conclusiones similares: la esclavitud se desarrolló progresivamente en las colonias inglesas y, aunque su reconocimiento legal fue posterior a su existencia *de facto*, los africanos y africanas estuvieron inicialmente en un régimen de servidumbre (Star, 1973, pp. 3 y 4) (Finkelman, 2012, p. 107).

Pero la servidumbre de esta etapa no era una institución racializada. La población sometida a este sistema de explotación laboral estaba conformada por población europea y africana. La servidumbre que precedió en existencia a la institución peculiar tenía orígenes en los tiempos feudales en donde era una práctica habitual y que tenía lugar en distintas circunstancias. Por ejemplo, era relativamente común en las casas de los «poderosos» que tenían diversas personas a su servicio, pero también ocurría como una suerte de sanción con la que tenían que cumplir ciertas personas en «recompensa por sus fechorías» (Billings, 1991, p. 46). Por su parte, a través de la servidumbre de aprendizaje personas jóvenes suscribían acuerdos con artesanos para recibir formación. Los aprendices se comprometían a permanecer al servicio del artesano por un período de tiempo previamente pactado, durante el cual aprenderían un oficio y serían mantenidos por éste. Al término de este acuerdo, el aprendiz adquiría una «liberación escrita» (Billings, 1991, p. 46).

Los migrantes blancos también formarían parte de la población sujeta a servidumbre, pero predominantemente lo harían a través del denominado *headright system* que fue utilizado para incrementar los cultivos de tabaco. Este sistema, que se expandió rápidamente en Virginia y Maryland, consistía en conceder a los agricultores cincuenta acres de tierras por cada trabajador europeo que arribase a Virginia. La relación entre el trabajador y el empleador se materializaba a través de contratos de servidumbre a partir de los cuales las personas que migraban desde tierras europeas se comprometían a trabajar durante un lapso temporal —que normalmente ascendía a 5 años— y en contrapartida sus empleadores hacían frente a los gastos de transporte hasta tierras americanas y les proporcionaban comida y alojamiento durante el plazo de vigencia del acuerdo. Al vencimiento del plazo, el trabajador adquiría una «cuota de libertad» o un «bono» en los casos en los que esto hubiera sido previamente acordado e incluso tierras para trabajar (Star, 1973).

Las referencias bibliográficas dan cuenta de un «proceso confuso» (Degler, 1959, p. 50) (Finkelman, 2012, p. 107) a través del cual los incipientes contratos de servidumbre se fueron transformando en relaciones de servidumbre permanente, crecientemente opresivas y adoptaron un perfil racial. Hacia 1640 se pueden encontrar referencias claras de africanos sometidos a una condición de «servidumbre perpetua» por diversas causas. Un ejemplo conocido es la servidumbre vitalicia que solía ser impuesta en esta etapa como sanción a los africanos por haber huido de su lugar de trabajo. Este tipo de condena, sin embargo, no era impuesto a los europeos en régimen de servidumbre que escapaban de sus puestos de trabajo (Finkelman Paul, 2012, pp. 107 y 108). Uno de los primeros registros es la decisión de la Corte General de Virginia del año 1640 que sentenció a tres sirvientes que fueron capturados tras abandonar su lugar de trabajo. Mientras los dos de origen europeo tuvieron que prestar sus servicios por un año más como castigo por la falta cometida, el tercero —llamado John Punch y de origen africano — fue condenado a trabajar de forma indefinida (Winthrop, 1962, p. 23). En esta misma etapa también empiezan a aparecer las «ventas vitalicias» — *sales por life*— de africanos que incluían a sus descendientes (Finkelman, 2012, pp. 107 y 108). Estos hechos apuntan claramente a una evolución de la servidumbre hacia la esclavitud dando cuenta de su deriva hacia una relación de dominio absoluto sobre las personas esclavizadas y de su racialización. El trato distinto entre blancos y negros demostraría que, aunque la esclavitud no tenía aún contornos precisos, los africanos eran considerados seres «esclavizables», mientras que los blancos no.

Pero dentro de este período también encontramos referencias que apuntan a que la esclavitud era un instituto en formación como el caso de la demanda de Elizabeth Key, del año 1655. Esta mujer afroamericana había vivido bajo la condición de esclavitud y era hija de una esclava afroamericana y de un hombre europeo. Demandó ante los tribunales su libertad aduciendo que al ser hija de un hombre libre se le debía considerar una mujer libre como dictaban las normas del *Common Law*. Añadió que su condición de bautizada impedía a otros cristianos esclavizarla. Su demanda fue estimada y se le declaró una mujer libre (Lyons, 2017, p. 229).

A partir del año 1660 la esclavitud adoptó rasgos más definidos. Entonces, la transformación de la servidumbre en un estatus de dominación absoluto, de carácter «permanente y hereditario» (Newby-Alexander, 2020, p. 31) y, sobre todo, racialmente condicionado, permite advertir la eclosión de un instituto distinto. Su reconocimiento legal disperso y parcial se limitó a recoger una realidad que ya tenía una entidad propia (Jordan, 1962, p. 19). Entre 1659 y 1660 una ley de Virginia reconoció por primera vez, aunque tácitamente, su existencia. Esta ley aludía a la importación de «cualquier negro esclavo», por parte de los comerciantes holandeses o de otra nacionalidad europea, y establecía ciertos límites en sus precios. Siguiendo este derrotero, en 1661 una ley de la Asamblea General de Virginia se limitaría a reconocer implícitamente la esclavitud afroamericana, regulando una práctica que por entonces ya estaba establecida. Esta norma sancionaba a los sirvientes blancos que huían con sirvientes negros imponiendo sanciones distintas a cada uno. Mientras aquéllos debían «servir» por un número determinado de años adicionales como sanción por su falta, éstos eran «incapaces» de reparar el daño causado de la misma forma (Finkelman, 2012). La disposición descansaba sobre la premisa de que las personas africanas se encontraban en cautiverio perpetuo, a diferencia de los europeos. El distinto régimen de servidumbre al que estaba sujeto cada uno de estos grupos se encontraba directamente vinculado a su pertenencia racial y por ello no eran pasibles de recibir la misma sanción. En esta etapa, por tanto, el estatus de cada grupo ya era distinto. El mismo recorrido se aprecia en Maryland que, en el año 1663, aprobó la primera ley que reconoció, de manera explícita y sin ambages, la esencia de la institución ordenando que «todos los negros u otros esclavos deben servir "*durante vita*"» (Brantner, 1995, pp. 17 y 18).

Indudablemente las necesidades económicas y sociales de la época contribuyeron a transformar lo que inicialmente era un modelo indefinido de servidumbre en un sistema de «subyugación perpetuo y hereditario basado en la raza» (Carter, 2016, p. 816). La necesidad apremiante de los pobladores de Virginia de contar con mano de obra para el cultivo de productos como el trigo y el tabaco, que empezó a exportarse en 1617 y se convirtió en una importante fuente de ingresos, coadyuvó a la rápida consolidación de este sistema de explotación. En este contexto de demanda creciente de tierras y de mano de obra se consideraba que existía una insalvable «imposibilidad de usar a los indios» y grandes dificultades para «usar a los blancos» (Zinn, 1997, p. 20). Los indios americanos no se consideraban aptos para la esclavitud por los temores a las rebeliones que suponía someterlos. Su representación como «salvajes» o como una «raza inferior» promovida por la prensa y por la literatura académica de la época, coadyuvó a justificar su exterminio (Alexander, 2012, p. 23). Por otro lado, el recurso a inmigrantes europeos tampoco se consideraba una solución adecuada no solo porque no era posible acceder al ingente número de personas que se necesitaba sino porque, además, la «esclavización» de europeos podría desincentivar la tan necesaria migración europea hacia los nuevos territorios. En contraposición a las dificultades que ofrecía la esclavización de estos dos grupos, las personas procedentes de África se consideraron un grupo idóneo para la esclavización (Alexander, 2012, p. 23) y eran «ofrecidos en cantidades cada vez mayores por los ávidos comerciantes de carne humana» (Zinn, 1997, p. 20).

La evolución de la esclavitud hacia una institución racializada también se puede explicar si se tiene en cuenta que era un sistema contradictorio con los ideales de libertad individual, igualdad y la defensa de los derechos naturales sobre los que se había fundado la Nación, por lo que solo podía justificarse si se negaba la condición humana del grupo esclavizado. El proceso de racialización, como bien apunta Alexander, «emergió como un medio de reconciliar la esclavitud —así como la exterminación de los indios americanos— con los ideales de libertad que predicaban los blancos en las nuevas colonias» (2012, p. 23). En este sentido, la «deshumanización» de las personas de origen africano y su consideración como seres carentes de dignidad y de los derechos más básicos contribuyó a justificar la institución.

A partir de entonces, diversas políticas fueron configurando la esclavitud negra. Con el objetivo de trazar diferencias nítidas entre la esclavitud afroamericana y la servidumbre de otros grupos raciales, —y de prevenir la posibilidad de posibles alianzas entre ambos grupos—, se hicieron ciertas concesiones a los europeos sometidos a la servidumbre como el acceso limitado a tierras. También se contempló que formen parte de las patrullas de esclavos —*slave patrols*— y de las milicias (Alexander, 2012, p. 25). En esta misma línea se inscribe la ley aprobada en Virginia en el año 1690 —Act XVI, April 1691, Statutes at Large, III, 86—, que prohibió la «fraternización entre blancos y negros» (Lyons, 2017, p. 230). Aunque muchas de estas medidas tuvieron un alcance más bien simbólico, contribuyeron a levantar una brecha entre ambos colectivos cuyos intereses se encontraban en posiciones contrapuestas.

El sistema legal otorgó legitimidad a la institución definiendo a los esclavos como propiedad de un dueño cuyos intereses estaban protegidos, negándoles los derechos que hubieran tenido de considerarse seres humanos. Las leyes y las prácticas sociales reforzaron la degradación de la raza negra y promovieron una serie de estereotipos que alimentaron la aceptación y normalización de este instituto. Por ejemplo, la falta de acceso a la educación de la población sometida intentó limitar su acceso a ideas que pudieran poner en riesgo la institución y, a la vez, justificó su supuesta «inferioridad mental». La denegación de derechos civiles a los esclavos y a los negros libres sirvió para reconocer al propietario una serie de facultades como el derecho de «beneficiarse del trabajo de los esclavos sin brindarle contraprestación; permitirle el (…) recurso a la violencia (…) para controlar a esa mano de obra; el derecho de (…) disponer de los esclavos (…) sin siquiera las protecciones legales rudimentarias que se otorgaban a los trabajadores en aquél entonces» (Carter, 2016, p. 817).

Dada la importancia del factor racial en la determinación del estatus de una persona en la sociedad americana, los tribunales no tardaron en idear criterios para definir el estatus de las personas mulatas, en una sociedad en la que el mestizaje entre blancos y negros ya era una realidad. Las relaciones interraciales estaban proscritas —primero socialmente y luego legalmente

—. La primera decisión judicial conocida que sancionó esta realidad data de 1630, cuando Hugh Davis fue condenado a ser «fuertemente azotado "ante una asamblea de negros y otros por abusar de sí mismo para deshonra de Dios y vergüenza del cristianismo al profanar su cuerpo y acostarse con un negro"» (Hickman, 1997, p. 1173).

La categoría mulatos —*mulattoes*— sirvió para adscribir a este nuevo grupo el mismo estatus subordinado de los africanos y africanas pues se consideraba que una persona mulata debía ser «excluida de la raza blanca y absorbida por la negra» (Hickman, 1997, p. 1173). Así quedó reflejado en la decisión *In Re Mullato,* dictada en el año 1656, en la que se estableció que «Los mulatos se consideran esclavos» [3].

El rechazo hacia las relaciones interraciales y las consecuencias anudadas a esas situaciones se reflejaron en una ley dictada por la Asamblea de Virginia en 1662 en la que se estableció que «los niños nacidos de un hombre inglés y una mujer negra (...) se considerarían esclavos o libres (...) de acuerdo con la condición de la madre». La ley citada se apartó de la «tradicional norma del derecho inglés según la cual los niños deben seguir el estatus de su padre», y que fue aplicada en el caso de Elizabeth Key citado anteriormente. En su lugar, contempló que estos menores adquirirían el estatus de sus madres, aplicando la regla utilizada en los animales de granja (Hickman, 1997, p. 1175). Esta regulación se insertaba dentro de las leyes dictadas entre los años 1662 y 1691 cuya finalidad era «evitar la "abominable mixtura" y preservar la pureza racial blanca». Aunque inicialmente se limitaron a proscribir las uniones entre «cristianos y negros», en poco tiempo devinieron en prohibiciones absolutas de sexo entre «cualquier inglés u otro hombre blanco o mujer y cualquier negro, mulato o indio» (Sharfsteint, 2007, p. 604).

Frente a la reprobación a las relaciones interraciales que se explicaba en atención a la inferioridad que se adscribía a la «raza negra» y al interés deliberado en separar ambos mundos para demarcar las fronteras entre el grupo dominante y el grupo oprimido, las violaciones sexuales de las mujeres afroamericanas esclavizadas, que casi siempre tenían como agresores a sus dueños, no eran objeto de reproche legal ni social. La violación sexual de las mujeres esclavizadas no era un acto punible y los esclavos podían cometer una violación sexual solamente si la víctima era una mujer blanca (Pokorak, 2006, p. 8).

---

3.   Según Jones, se estima que hacia 1860 el 10% de la población esclava podía considerarse mulata (1986, p. 37).

La impunidad frente a estas conductas en conjunción con la regla de la descendencia que se aplicaba a los hijos «mestizos» tuvo efectos perversos en el acceso carnal irrestricto a las mujeres afroamericanas, que se convirtió en un elemento fundamental para reafirmar el dominio absoluto ejercido sobre éstas y para incrementar la propiedad esclava. La explotación sexual de las mujeres africanas era uno de los rasgos característicos de su deshumanización y se manifestaba a través de la permisividad hacia todo tipo de agresiones sexuales y mediante el control que ejercían sus dueños sobre su sexualidad y su capacidad reproductiva. Distintas estrategias, además de la violación sexual, eran utilizadas para hacer efectivo el control sobre sus cuerpos: las mujeres africanas podían ser obligadas a mantener relaciones sexuales con otros esclavos con la finalidad de tener descendencia, como acontecía con los denominados «sementales» que eran elegidos por sus supuestas aptitudes físicas. Pero también se solían utilizar amenazas, castigos e incluso incentivos para fomentar la reproducción, como el otorgamiento de vestimenta, raciones adicionales de comida o de tiempo de descanso (Roberts, 1997, p. 28).

Como apunta Roberts, los beneficios económicos que obtenían los hombres blancos a través de las violaciones de las mujeres esclavizadas «no significa que su (única) motivación fuese la económica». Como señala esta autora, la violación de las mujeres esclavas constituía «principalmente un arma de terror que reforzaba la dominación blanca sobre su propiedad humana» (Roberts, 1997, p. 29). En esta misma línea Davis ha afirmado que la violación sexual de las mujeres negras tenía como objetivo «a la comunidad esclava en su conjunto» (Davis, 19722, p. 97). Se trataba de actos mediante los cuales se reafirmaba y se reforzaba la degradación absoluta de las personas esclavizadas.

Los mitos alrededor de las mujeres esclavizadas, caracterizadas como licenciosas y «sexualmente lascivas» (Sood, 2018, p. 409), coadyuvaron a justificar la absoluta indefensión frente a la violencia sexual ejercida sistemáticamente en su contra. Jurídica, social y moralmente eran mujeres «incapaces de ser violadas» (Pokorak, 2006, p. 9). La «narrativa de la esclava tentadora» también suministró a los hombres blancos una explicación sobre la «disonancia cognitiva» que suponía la supuesta superioridad de la raza blanca y el deseo de los hombres blancos de mantener contacto sexual (forzado) con mujeres esclavizadas (Pokorak, 2006, p. 10).

El influjo de estos estereotipos no debe infravalorarse pues su influencia no se extinguió con la erradicación jurídica de la esclavitud, sino que han tenido una presencia persistente a lo largo de historia americana. Los sesgos elaborados alrededor de la sexualidad de las mujeres afroamericanas han obstaculizado —y siguen obstruyendo— el acceso a la justicia para proteger su libertad sexual, su igualdad y su dignidad.

La ciencia también participó en este proceso de estigmatización y alterización. El racismo científico, como recuerda Morrison, sirvió para alterizar a los afroamericanos, justificando su esclavización. Como recuerda esta autora, el *Informe sobre las enfermedades y las peculiaridades de la raza negra*, redactado por el médico esclavista Samuel Cartwright, en el año 1851, señalaba como características innatas de los negros su «indolencia natural» y la necesidad de «el estímulo de la coacción», así como su propensión «a la ignorancia, a la superstición y a la barbarie» (2018, pp. 21 y 22).

Sobre los afroamericanos recaía la presunción de esclavitud y aunque podían eventualmente ser emancipados, su liberación solo los eximía de la servidumbre laboral. Su emancipación no conllevaba el reconocimiento de derechos pues en el Sur los derechos de los afroamericanos libres estaban casi tan limitados como los derechos de los esclavos. Por ejemplo, estaban impedidos de «testificar contra personas blancas, no podían acceder a la educación, ni ejercer diversos oficios». Tampoco podían tener en posesión tierras agrícolas y su libertad de movimiento estaba seriamente restringida. La situación de los afroamericanos que vivían en el Norte, aunque menos dura, tampoco les permitía conducirse en igualdad de condiciones debido al prejuicio generalizado en su contra (Finkelman, 1993, pp. 1014 y 1015).

Lo que resulta indudable es que, durante la Revolución Americana, al momento de aprobarse y ratificarse la Constitución de 1787 y en la etapa previa a la Guerra Civil la esclavitud ya constituía una institución económica fundamental para las colonias americanas. El Sur profundo, que había perdido un gran número de esclavos durante la revolución, reabrió el tráfico internacional de esclavos tras ésta, importando varios miles de personas esclavizadas (Foner, 1998, p. 86) (Finkelman, 2001, pp. 417 y 418). Esta región, en donde se desarrolló una economía de plantación (Carper, 1976, p. 87), constituía «el auténtico hogar de la esclavitud» (Davis, 2020, p. 15).

La invención de la desmontadora mecánica de algodón —*cottongin*— en el año 1793, mediante la cual se logró separar las semillas de algodón de la fibra, facilitó enormemente la producción algodonera y expandió este cultivo hasta límites insospechados, al punto de desplazar al arroz y al tabaco (Oñate, 2004, p. 284). Este crecimiento exponencial se vio reflejado en el incremento de la producción algodonera que en 1790 ascendía a 1000 toneladas de algodón, y hacia el año 1860 rondaba el millón de toneladas. El algodón era exportado principalmente a Gran Bretaña que había desarrollado una pujante industria textil. Una consecuencia casi inmediata de este hecho fue el incremento de la demanda de la mano de obra esclava y la consecuente elevación de sus precios. En efecto, en Carolina del Sur, en donde había aproximadamente 15000 esclavos hacia el año 1790, la población esclava superó las 25000 personas hacia 1800 y, hacia el año 1810, había más de 5000 personas de origen africano esclavizadas. Por su parte, Mississippi contaba hacia el año 1800 con 3489 esclavos registrados, y este número se incrementó hasta alcanzar las 136621 personas en el año 1840 (Kluger, 2004, p. 34).

El transcurso del tiempo acrecentó las diferencias entre las dos regiones de los Estados Unidos de América perfilando en el Norte un modelo económico predominantemente «industrial, de trabajo asalariado, urbano y de pequeña propiedad», mientras que en el Sur se iría consolidando una estructura económica «esclavista (…), agraria y de plantación» (Oñate, 2004, p. 288). Pese a las diferencias que se han mencionado, el arraigo de la esclavitud no estaba limitado a los territorios sureños. El Norte también participaba y dependía, aunque en menor medida, de esta polémica institución a través de la importación de esclavos, una actividad fundamental pues proveía a los estados sureños de la mano de obra necesaria para producción algodonera que después sería exportada a distintas partes del mundo (Tsesis, 2004, p. 13). Por lo demás, en los lugares en donde no se cultivaba el algodón, el tabaco o el arroz, la mano de obra esclava, destinada a labores domésticas, era muy solicitada. Los esclavos también eran empleados como porteadores, estibadores y en diversos oficios no calificados.

1.2. LA «CONSTITUCIONALIZACIÓN» DE LA ESCLAVITUD

La importancia de la esclavitud, y la polémica que generaba su existencia, se aprecia en que su permanencia pudo comprometer el éxito de la Convención de Filadelfia de 1787[4]. Bajo esta tesitura, las posturas antiesclavistas tuvieron que aceptar que para lograr «la más perfecta unión» resultaba indispensable alcanzar un acuerdo entre «los críticos y defensores de la institución» (Foner, 2011, p. 823).

---

4.   Como ha señalado Foner, «Muchos de los 55 hombres que se reunieron en Filadelfia para redactar la carta magna de la nueva nación eran dueños de esclavos, pero también había un buen número de entregados abolicionistas. Madison, quien, como Jefferson, era propietario de esclavos (…) despreciaba la esclavitud, explicó ante la convención que la "distinción de color" se había convertido en la base de la "dominación más opresiva jamás ejercida por el hombre sobre el hombre"». Sin embargo, Madison, posteriormente, aseguraría ante los delegados de la convención ratificadora de Virginia «que la Constitución ofrecía para la esclavitud "la mejor protección que cualquiera de las actualmente existentes"» (2010, p. 91).

La relevancia de la institución quedó plasmada en la estructura de la Constitución y en el devenir de instituciones de importancia clave en el Derecho estadounidense. La esclavitud afectó aspectos fundamentales del ordenamiento constitucional americano como el federalismo, la separación de poderes y los poderes del Congreso y del presidente, cuyo desarrollo e interpretación se vieron condicionados por su presencia omnipresente. Desde este punto de vista, bien puede señalarse que la esclavitud afectó y dio forma a la economía, la política y el orden social en los Estados Unidos de América, y que sus efectos marcaron el devenir del país norteamericano incluso más allá de su fecha de extinción formal.

La Constitución de 1787, ratificada en el año 1789, por tanto, no pudo superar la evidente contradicción que ya se evidenciaba en la Declaración de Independencia de las colonias americanas. La Norma Fundamental no solo carecía de una disposición destinada a garantizar la igualdad de manera general, sino que excluía del ejercicio de importantes derechos a diversos grupos, y, sobre todo, contenía disposiciones que protegían y garantizaban la permanencia de una institución que suponía la explotación de las personas esclavizadas, a quienes se les negaba total y perpetuamente la libertad más fundamental, así como la igualdad y el ejercicio de cualquier derecho.

El inevitable pulso entre las posturas esclavistas y las abolicionistas se resolvió a favor de las primeras y dio como resultado una Constitución en la que abundaban las «referencias eufemísticas» hacia la esclavitud, pero que evitaba mencionarla de manera expresa (Brettschneider, 2012, p. 1093). La Norma Fundamental otorgó concesiones importantes a esta institución a través de una serie de «compromisos» que la fortalecerían y que garantizarían su pervivencia por un considerable período de tiempo.

Tres eran las cláusulas concernidas directamente con esta materia. La primera, contenida en la sección 2 del artículo I, conocida como la Cláusula de los Tres Quintos, —*TheThree-Fifths Clause*—, distinguía entre «personas libres» y «otras personas» a efectos de determinar el número de miembros de cada estado en la Cámara de Representantes. Establecía que las tres quintas partes de la población esclava de cada estado serían tenidas en cuenta a efectos de determinar los representantes de cada entidad territorial (Brettschneider, 2012, p. 1093). Su aprobación plasmó el compromiso entre las exigencias de los delegados de los estados esclavistas y los del Norte. Mientras los primeros pretendían que los esclavos sean considerados en la misma proporción que las personas libres con la intención de obtener mayor representación en el Congreso, los delegados de los estados del Norte defendían que solo la población libre debía tenerse en consideración y, por tanto, debía excluirse de este cálculo a la población esclava (Graham, 2003, p. 4)[5]. Esta disposición constitucional, favorable a los intereses de los estados sureños, les otorgó representación dominante en dicha sede y favoreció la aprobación de diversas leyes favorables a sus intereses (Tsesis, 2004, pp. 15 y 16). El Compromiso de Missouri de 1820 o la Ley del Esclavo Fugitivo de 1850, por citar solo dos ejemplos, fueron posibles gracias a la robusta representación sureña en la Cámara de Representantes. Pero, además, dado que la Constitución establecía que la asignación de los electores presidenciales de cada estado se realizaría en función de su número de representantes y senadores, la representación mayoritaria de los estados sureños también le otorgó una influencia decisiva a la hora de elegir al presidente (Finkelman, 2013, p. 407).

Por su parte, la sección 9 del artículo II abordaba la competencia del Congreso para prohibir el tráfico internacional y nacional de esclavos a la luz de la *Commerce Clause*, concediendo un período de intangibilidad a esta actividad. Se establecía que «la migración y la importación de tales personas», en evidente alusión a los africanos esclavizados, no podía ser prohibida por el Congreso antes del año 1808. De esta forma, la *Migration or Importation Clause* proscribía, de manera absoluta e incondicional, la adopción de cualquier enmienda que afecte dicha actividad hasta el año 1808. Pero este límite temporal no suponía que, tras esa fecha, el comercio de esclavos debía abolirse (Ackerman, 2015, p. 34) (Finkelman, 2013, p. 407). Esta previsión se complementaba con la *Proportionate Tax Clause,* que establecía un límite a la potestad tributaria del Congreso sobre dicha actividad, pues en caso de establecerse un impuesto sobre la misma, éste no podía exceder los diez dólares por persona.

A través de este acto de virtual «blindaje constitucional» (Ackerman, p. 34), el tráfico internacional de esclavos, que había permanecido en suspenso durante la Guerra de la Independencia, se convertía en una actividad comercial constitucionalmente garantizada e intangible hasta el año 1808. Una protección que, por lo demás, la Norma Fundamental no otorgaba a

---

5.   John Rutledge y Pierce Butler de Carolina del Sur fueron quienes introdujeron esta propuesta. A propósito de esta cláusula James Madison comentaba, en *El Federalista Nro. 54,* el resultado de este compromiso en los siguientes términos:
      «Al ser compelido a trabajar no para sí mismo, sino para un dueño; al ser pasible de ser vendido por un dueño a otro dueño; y al estar sujeto en todo momento a restricciones de su libertad, (...) por el capricho o deseo de otro, el esclavo puede parecer degradado del rango humano, y clasificado con aquellos animales irracionales, que caen bajo la denominación legal de propiedad (...). La Constitución Federal, por tanto, decide con gran propiedad en el caso de nuestros esclavos, cuando los concibe en el carácter mixto de personas y de propiedad. Éste es, de hecho, su verdadero carácter». (Graham, 2003, p. 4).

ninguna otra actividad comercial o institución económica (Finkelman Paul, 2011, p. 846). Durante este período Georgia y Carolina del Sur importaron alrededor de 90 000 africanos, que constituían «aproximadamente, una cuarta parte del total de esclavos transportados hasta la Norteamérica británica a partir de 1700». La creciente demanda de esclavos tenía por objeto sustituir las pérdidas que se produjeron por la huida de esclavos hacia las filas británicas durante la guerra, y también proporcionó la mano de obra tan solicitada en la etapa de «expansión de la producción algodonera hacia las tierras del interior» (Foner, 2010, p. 92).

Tras la supresión del comercio internacional de esclavos, y frente a la necesidad de satisfacer la demanda de personas esclavizadas para mantener la producción algodonera, los propietarios de esclavos pasaron a depender casi exclusivamente de la «producción natural». Como mencionamos en el punto anterior, la «capacidad reproductiva» de las mujeres fue explotada con mayor intensidad para incrementar el patrimonio de los dueños de las plantaciones. Las mujeres esclavizadas se convirtieron así en «instrumentos para garantizar el crecimiento de la fuerza de trabajo esclava. Eran consideradas "paridoras"» (Davis, 2004, p. 15).

En tercer lugar, la sección 2 del artículo IV de la Constitución contenía la Cláusula del Esclavo Fugitivo —*The Fugitive-Slave Clause*—, de acuerdo con la cual los esclavos que hubieran ingresado al territorio de un estado con legislación antiesclavista, tras haber escapado de sus estados de residencia, mantendrían la misma condición y debían ser entregados a sus dueños en cuanto fuesen reclamados[6]. Como refiere Foner, esta cláusula otorgó a las leyes esclavistas un carácter «extraterritorial» pues la «condición de esclavo continuaba adherida a una persona incluso después de que hubiera escapado a una jurisdicción en donde la esclavitud ya había sido abolida». De este modo, la esclavitud adquiría «carácter nacional», y todos los estados, incluidos aquéllos que la habían abolido, pasaron a ser «cómplices de su mantenimiento» (Foner, 1998, p. 92).

Al amparo de esta cláusula se aprobó la Ley del Esclavo Fugitivo de 1793 en la que se establecía que cualquier juez estatal o federal podía tramitar este tipo de asuntos y enviar al «fugitivo» a custodia mientras se tramitaba el respectivo proceso judicial. Establecía «estándares probatorios muy laxos» y carecía de mecanismos destinados a garantizar que los afroameri-

---

6.   Esta Cláusula rezaba: «Ninguna persona mantenida bajo el servicio o trabajo en un estado, bajo las leyes de dicho estado, que escape a otro estado, podrá, en consecuencia, de cualquier ley o regulación del mismo, ser eximida de dicho servicio o trabajo, y deberá ser entregada bajo reclamo de la parte a quien deba prestar el servicio o trabajo».

canos libres no fuesen condenados y enviados al Sur como esclavos (Finkelman, 2011, 879). Diversos estados del Norte del intentaron aplacar la dureza de esta ley, aprobando normas que establecían ciertas garantías procesales para los acusados. Pero, en el caso Prigg v. Pennsylvania, 41 U. S. (16 Pet.) 539, 622 (1842), el Tribunal Supremo consideró que estas leyes eran inconstitucionales en la medida que «interferían con la implementación de una ley federal», aunque también señaló que no era posible obligar a los estados a garantizar su cumplimiento a través de una ley federal. Impulsados por el fallo del Supremo, los estados del Norte continuaron resistiéndose a cumplir esta ley dictando normas que impedían a las autoridades federales utilizar las prisiones estatales para detener a los afroamericanos acusados. El reducido número de jueces federales disponibles, y la resistencia ante la ley por parte de los estados del Norte, provocaron que se tuviera que dejar la persecución de los esclavos fugitivos en manos de personas privadas —slave catchers— que eran contratados especialmente para dicho fin (Finkelman, 2011, p. 880).

Debido a la presión de los estados sureños que denunciaban que la legislación de los estados del Norte les impedía recuperar a sus esclavos se promulgó, en el año 1850, una nueva Ley del Esclavo Fugitivo. La Ley del Esclavo Fugitivo de 1850 se considera la más drástica regulación en esta materia aprobada en los Estados Unidos de América (James y Horton, 1993, p. 1180). Redujo considerablemente las garantías procesales del acusado y estableció requisitos mínimos para el denunciante, además de poner a su servicio todo el aparato federal y estatal para lograr la recuperación de su «propiedad». En el procedimiento de tramitación sumaria sin jurado, el «propietario» estaba en la obligación de presentar «prueba satisfactoria» que acredite dicha condición, pero en la práctica el estándar utilizado era muy poco exigente y podía favorecer el fraude. La ley no contemplaba que la asistencia legal del acusado tampoco preveía el juicio por jurado y prohibía expresamente que su testimonio fuese tomado como evidencia. Éste, además, tampoco podía protegerse a través del Writ of Habeas corpus que quedaba suspendido por primera vez en la historia de los Estados Unidos de América, pese a que la Constitución contemplaba esta suspensión únicamente en caso de rebelión o invasión.

La ley, además, establecía elevadas multas y prisión de seis meses para cualquier persona que auxiliase a un fugitivo o impidiese su captura, y contemplaba que los alguaciles podían asistirse por los transeúntes para garantizar el cumplimiento de la ley. Como bien apunta Finkelman, esta regulación tenía por objeto que los blancos del Norte asuman que «todos los negros que vieran eran fugitivos, aunque en 1850 había más de 150, 000 negros libres viviendo en el Norte» (Finkelman, 2011, p. 880). De este modo, no solo los esclavos que habían huido tenían pocas posibilidades conservar su libertad; sino que los negros libres también estaban expuestos a ser arbitrariamente detenidos.

Como ha señalado Foner, la Ley del Esclavo Fugitivo de 1850 representó «el ejercicio más poderoso de autoridad federal dentro de los Estados Unidos en la era previa a la Guerra Civil». Como este autor observa, el interés que mostraron los estados sureños, defensores acérrimos de «los derechos de los estados» en su aprobación, evidenciaba que «el Sur no creía en los derechos de los estados. Creía en la esclavitud. Los derechos de los estados eran una defensa de la esclavitud. Pero cuando se necesitaba del poder federal para defender la esclavitud, ellos estaban felices de utilizarlo» (Foner, 2018).

Como veremos, aunque otros preceptos constitucionales no estaban directamente conectados con la esclavitud, se utilizaron en beneficio de los intereses de los estados esclavistas y sirvieron para afianzar esta práctica (Finkelman, 2000). Una de las «concesiones implícitas» de mayor calado fue, sin lugar a duda, el silencio constitucional respecto de la autoridad del Congreso sobre los asuntos relativos a la esclavitud (Vorenberg, 2001, p. 9). De acuerdo con el diseño constitucional, los poderes del Congreso estaban limitados al ejercicio de aquéllos que le habían sido expresamente reconocidos —*enumerated powers*—, dentro de los cuales no se encontraba la manumisión de los esclavos. Por esta razón, se consideraba que dicho órgano no podía adoptar medidas para la erradicación de la odiosa institución[7]. En contraposición con ello, los estados podían ejercer todos los poderes que no estaban reconocidos expresamente al Gobierno. La regulación de la esclavitud, por tanto, estaba bajo su control total.

El exigente procedimiento de reforma constitucional, que requería la ratificación de las tres cuartas partes de los estados de la Unión, otorgó a los estados sureños lo que Finkelman ha denominado con acierto un «veto perpetuo» contra cualquier iniciativa de reforma constitucional relativa a este asunto (Finkelman, 2011, p. 847). Por otro lado, la *Insurrections Clause* (artículo I, sección 8, cláusula 15), que permitía el uso de las tropas federales para suprimir rebeliones, fue utilizada para aplacar insurrecciones y revueltas de esclavos como la de Nat Turner, en el año 1831, y la de John Brown,

---

7.   La Enmienda X a la Constitución estableció que: «Los poderes no delegados a los Estados Unidos por la Constitución, ni prohibidos por ésta a los estados, están reservados a los estados, respectivamente o al pueblo».

en 1859. Un uso similar fue el dado a la *Domestic Violence Clause* (artículo IV, sección 4) (Finkelman, 2001, p. 440)[8].

Adicionalmente, la Constitución contaba con dos cláusulas que prohibían explícitamente la aprobación de impuestos a las exportaciones. Tanto el Gobierno federal, como los estados, estaban impedidos de aprobar cualquier tipo de tributo sobre las exportaciones y éstas, al momento de la aprobación de la Norma Fundamental, procedían mayoritariamente de mercancías producidas por la mano de obra esclava, como el tabaco o el arroz (Finkelman, 2001, p. 440).

Las previsiones constitucionales que se acaban de comentar «sirvieron para fortalecer (e) incrustar (la esclavitud) más hondamente en la vida y la política estadounidense» (Foner, 1998, pp. 91 y 92). Durante el período de tiempo comprendido entre los años 1788 y 1861, el poder político del país estuvo en manos de los estados esclavistas, una situación que hacía inviable quebrar el *statu quo*. Por ello, no debe sorprender que la legislación federal aprobada en esta etapa haya estado, casi siempre, al servicio del fortalecimiento de la institución.

La Constitución de los Estados Unidos, hasta antes que las enmiendas de la Reconstrucción tuvieran lugar, era una Constitución esclavista. Su aprobación difícilmente se pudo haber logrado sin la presencia de las disposiciones que se han mencionado, que aseguraron que diversos aspectos de los que dependía la conservación de la institución adquieran un estatuto de intangibilidad: se garantizaba el abastecimiento de esclavos impidiendo temporalmente cualquier limitación a su comercio internacional y limitando la potestad tributaria del Gobierno federal sobre dicha actividad; se reconocía, de manera implícita, el «derecho de propiedad» del «dueño» sobre sus esclavos huidos al ordenar su entrega a pedido del propietario, poniendo a su disposición todo el aparato judicial y gubernamental para garantizar su retorno; se dejaba en manos de los Gobiernos estatales su regulación y, por último, se establecía un método para determinar el

---

8. Nat Turner fue un esclavo que organizó una revuelta en 1831 en la que participaron aproximadamente 70 esclavos de distintas plantaciones. Como consecuencia de esta insurrección fueron asesinadas aproximadamente 55 personas de raza blanca y 200 esclavos. Debido al temor de que este tipo de episodios se repitan se adoptaron normas severas para controlar a la población esclava: los esclavos estaban prohibidos de reunirse sin que estuviesen presentes también hombres blancos, no podían portar armas ni manejar sustancias peligrosas y tampoco podían aprender a leer y escribir. Además, casi todos los estados esclavistas aprobaron leyes creando las infames patrullas de esclavos —*Slave Patrols*— grupos organizados y armados que se dedicaban a perseguir a esclavos huidos, dispersar sus reuniones y, en general, a «salvaguardar la seguridad» de las comunidades blancas, (Karst, 1989, p. 46).

número de miembros de cada estado en la Cámara de Representantes que aseguraba el predominio político del poder esclavo.

En el polémico caso Dred Scott v. Sandford, 60 U. S. 393 (1857) el Tribunal Supremo indicó que «la infeliz raza negra fue separada de la raza blanca por marcas indelebles y por leyes establecidas desde hace mucho tiempo». Sobre su posición jurídica, el Alto Tribunal afirmó que no tienen otra condición excepto la de «propiedad», advirtiendo que la Norma Fundamental garantizaba «el derecho de propiedad del dueño sobre el esclavo». Para la Corte, en suma, los negros carecían de «derechos que el hombre blanco se encuentre obligado a respetar». El caso *Dred Scott* fue posible gracias a la Constitución que le sirvió de respaldo.

Una serie de circunstancias políticas, sociales y económicas precipitaron una profunda transformación en el constitucionalismo estadounidense y así «en el transcurso de dos siglos, la Constitución pasó de tolerar a repudiar las instituciones de la esclavitud y la posterior segregación racial» (Brettschneider, 2012, p. 1093). En el período inmediatamente posterior al fin de la Guerra Civil, cuando se aprueban las Enmiendas de la Reconstrucción, encontramos el punto de partida para el desarrollo del Derecho Antidiscriminatorio de los Estados Unidos de América. La Igualdad y el derecho a no ser discriminado como principios y derechos constitucionalmente garantizados se incorporaron al constitucionalismo americano a partir de la segunda mitad del siglo XIX.

Tuvo que transcurrir casi un siglo, sin embargo, para que el nuevo marco constitucional, que rechazaba la esclavitud y proclamaba la igualdad, empiece a dar sus frutos más significativos. Esto aconteció en la etapa conocida como la Segunda Reconstrucción o Revolución de los Derechos Civiles, que tuvo lugar a partir de mediados de la década de los cincuenta. En este período, y con el respaldo de un marco constitucional que garantiza la igualdad a todas las personas, los legisladores, la Corte Suprema y el movimiento por los derechos civiles lograron desmontar las principales manifestaciones del sistema de segregación racial conocido como *Jim Crown*, que mantenía a los afroamericanos en una posición subordinada.

1.3. EL DEBATE EN TORNO A LA ESCLAVITUD

Aunque el debate en torno a la esclavitud comenzó con la fundación de la República, continuando a lo largo de su primer siglo de existencia, hacia mediados del siglo XIX el desacuerdo era insostenible. Diversas razones explican esta polarización. Por un lado, en los estados del Norte el movimiento abolicionista se había extendido y con ello se desarrollaría una marcada preferencia por la abolición plena de la esclavitud, teniendo cada vez menos influencia las posiciones que defendían «su desaparición gradual» (Carter, 2012, p. 178). La decisión del Supremo en el caso *Dred Scott* Sandford, 60 U. S. 393 (1857) había avivado estos sentimientos de rechazo hacia la institución y la demanda por su inmediata extinción.

A diferencia de ello, en los estados del Sur, en donde predominaba una economía rural y latifundista, existía una fuerte resistencia a la extinción de esta práctica debido, en gran parte, a su dependencia de la mano de obra que se obtenía con la explotación del trabajo de las personas esclavizadas (Carter, 2012, p. 178). Por la relevancia en la solución que se adoptó para poner fin a esta institución, revisaremos brevemente el debate que tuvo lugar en la década de 1830.

Se suele señalar como fecha simbólica de inicio de este *nuevo* movimiento abolicionista el 01 de enero de 1831, día en el que se publicó la primera edición del periódico antiesclavista *The Liberator*, dirigido por William Lloyd Garrison (Levine, 1996, p. 68). Poco después, en el año 1833, Garrison fundó la *American Antislavery Society* desde la que se dedicaría a denunciar la esclavitud y difundir argumentos contra dicha institución (Brettschneider, 2012, p. 1100).

Garrison defendía una línea de pensamiento que se mostraba crítica con el respaldo que la Constitución brindaba a la esclavitud. Denunciaba que «la infame negociación» entre los padres fundadores los había llevado a «pisotear su propia declaración solemne (…) de que todos los hombres son creados iguales, y están dotados por el Creador con ciertos derechos inalienables —entre los cuales se encuentran la vida, libertad, y la búsqueda de la felicidad—». En su conocido discurso *The Constitution: A Covenant with Death and an Agreement with Hell*, publicado en la edición 12(71) de *The Liberator* de 1842, sostuvo que la Norma Fundamental americana, al constituir un documento pro-esclavista, se encontraba «fatalmente viciada» y que constituía un «convenio con la muerte y un acuerdo con el diablo» (Zietlow, 2011, p. 7).

En su versión más radical sostenía que los estados del Norte debían separarse de los Estados del Sur (Vorenberg, 2001, p. 13). Apelaba a la Declaración de la Independencia como un documento «a la luz del cual la Constitución debería ser continuamente juzgada» y rechazaba, al igual que sus seguidores, participar en cualquier tipo de actividad política pues consideraba que ello equivaldría a brindar su apoyo a un Gobierno esclavista y moralmente corrupto (Osborn, 2008, p. 69).

Un aspecto de especial relevancia en la sociedad fundada por Garrison fue la creciente participación femenina. En un artículo publicado en *The Liberator*, en junio de 1832, Garrison hizo un llamamiento a las mujeres americanas a seguir el ejemplo de las mujeres inglesas y denunció dos «errores capitales» que tenían efectos perjudiciales en la cruzada por la abolición en los Estados Unidos de América. El primero, a su entender, era el «desprecio» a la influencia que las mujeres podrían tener en esta misión y el segundo era la tendencia de las mujeres a «infravalorar» su poder (Brown, 1983, p. 2).

En una etapa de intensa agitación social y marcada por la revuelta de Nat Turner en 1831, se fueron conformando Sociedades de Mujeres Anti-esclavistas en diversas ciudades: en Masachusetts y en Rhode Island en el año 1832, en Boston y Filadelfia en 1833 y dos años después en Nueva York (Brown, 1983, p. 2). La participación de las mujeres en el movimiento abolicionista sirvió de acicate para la defensa organizada de sus derechos e impulsó la formulación de la analogía entre la opresión del sistema esclavista y la situación de subordinación que atravesaban ellas. Este análisis de corte analógico se convertiría, varios años después, en un elemento crucial para que se reconozca que el sexo también es una base de discriminación cuestionable.

La presencia de las mujeres en el movimiento abolicionista fue una experiencia particularmente enriquecedora pues les brindó herramientas para organizar, pocos años después, el movimiento por los derechos de las mujeres. Las mujeres «diseñaron métodos para recaudar fondos, aprendieron a difundir material escrito, a convocar reuniones e (incluso) algunas se convirtieron en enérgicas oradoras públicas» (Davis, 2004, p. 48).

La Convención Mundial Antiesclavista celebrada en Londres en junio del año 1840 fue un momento crucial en este proceso. Los delegados de diversos países se opusieron a reconocer la participación de siete mujeres delegadas democráticamente elegidas bajo la justificación de que un hecho de tal naturaleza expondría a la Convención «al ridículo» (Kish, K., 1990, p. 462). Esta experiencia de exclusión, que ciertamente no era nueva, propició que Lucretia Mott y Elizabeth Cady Stanton decidieran celebrar la primera convención sobre los derechos de las mujeres y por ello se considera que en este episodio se encuentra el germen del movimiento feminista estadounidense (Maynard, 1960, p. 452).

Otra corriente de opinión, defendida por los abolicionistas políticos radicales —*radical political abolitionists*—, denominada también constitucionalismo radical, —*radical constitutionalism*—, sostenía que la Constitución de los Estados Unidos era un documento antiesclavista y que diversas previsiones existentes en ésta tenían como finalidad trazar un camino hacia la desaparición de esta institución. Su defensa del carácter antiesclavista de la Norma Fundamental, y de la consecuente inconstitucionalidad de la odiosa institución, giraba en torno a tres líneas argumentales. La primera condenaba la esclavitud por considerar que violaba los derechos naturales de los hombres consagrados en la Declaración de la Independencia, que aludía expresamente a que «todos los hombres son creados iguales». Una segunda línea señalaba que la esclavitud violaba la Cláusula del Debido Proceso de la Quinta Enmienda que impide la privación de «la vida, libertad o propiedad sin el debido proceso» (Vorenberg, 2001, p. 12). Y, por último, se denunciaba el impacto negativo de la esclavitud en la economía, subrayando que su existencia degradaba la institución del trabajo libre. Estas consideraciones, sostenían los abolicionistas políticos radicales, expresarían el carácter antiesclavista de la Constitución de los Estados Unidos de América y, por ende, el carácter inconstitucional de la esclavitud.

En la Convención de los Radicales Abolicionistas Políticos, celebrada en Nueva York, en el año 1855, se plasmó su postura oficial frente a la esclavitud. De acuerdo con su posición «la estructura general de la Constitución, así como sus disposiciones particulares, impiden la existencia legal de la esclavitud, prohíben a los estados mantenerla, prevén la liberación de las personas esclavizadas y (...) exigen la intervención del Gobierno federal para su supresión» (Tsesis, 2018, p. 5). Desde su perspectiva, tanto el Gobierno como el Congreso debían adoptar las medidas legales necesarias para poner fin a la esclavitud. Esta corriente no consideraba necesario reformar la Constitución para erradicar la esclavitud, algo que desde este enfoque resultaba, en el mejor de los casos, «redundante» (Vorenberg, 2001, p. 13). Por ello, cuando se aprobó y ratificó la Decimotercera Enmienda señalaron que este hecho «simplemente reafirmaría el carácter inconstitucional de la esclavitud» (Zietlow, 2011, p. 34), pero que no constituía un elemento fundamental o la única vía para poner fin a dicha práctica.

El desafío más grande que enfrentaba su particular interpretación acerca del supuesto carácter antiesclavista de la Constitución residía, sin duda, en la presencia de las disposiciones constitucionales que protegían la institución. La cláusula que garantizaba la importación de esclavos hasta el año 1808, según señalaban, «no perpetuaba la esclavitud, sino que establecía los medios para que el Congreso pueda poner fin a dicha actividad» a partir de una fecha concreta. Sobre la cláusula de los tres quintos, sostenían que «dado que los esclavos no podían votar, los esclavos no podían ser contados en la asignación de representantes» y, en este sentido, justificaban esta previsión afirmando que «no contar a los esclavos en absoluto sería una injusticia más grande que solo contarlos parcialmente». Finalmente, la Cláusula del Esclavo Fugitivo, según sostenían, no hacía referencia expresa a la esclavitud, sino al «derecho de los padres de perseguir a sus hijos y de los maestros a sus aprendices» (Tsesis, 2018, p. 6).

Dentro del grupo de constitucionalistas abolicionistas destacaba Frederick Douglas, un antiguo esclavo que había huido y se había dedicado al activismo antiesclavista. Durante varios años Douglas había seguido la postura de Garrison denunciando el carácter viciado de la Constitución, para después optar por la posición más pragmática de los constitucionalistas abolicionistas. Según Douglas, el Preámbulo de la Constitución hacía referencia a «"Nosotros el pueblo"; no nosotros las personas blancas, no nosotros los ciudadanos, no nosotros la clase privilegiada, no nosotros los altos, no nosotros los bajos, no nosotros los de extracción inglesa, no nosotros los franceses o los de extracción escocesa, sino "nosotros el pueblo"». Por lo tanto, la Constitución «era aplicable a todos en la Unión», y protegía tanto a los blancos como a los afroamericanos (Tsesis, 2018, p. 4).

Los constitucionalistas antiesclavistas participaban activamente en política y pretendían tener una influencia tangible en el debate político. Durante la Guerra Civil diversos miembros del Partido Republicano se alinearon con sus posiciones, abandonando posturas moderadas que defendían que el fin de la esclavitud se lleve a cabo de manera paulatina y que sean los estados quienes lideren este proceso (Tsesis, 2006, pp. 1801 y 1802). Muchos de ellos formaron parte del Congreso de la Reconstrucción que se conformó tras el fin de la Guerra Civil y jugaron un papel importante en la aprobación y posterior ratificación de las enmiendas de la Reconstrucción, especialmente de la Decimotercera y Decimocuarta Enmienda, así como en la aprobación de la legislación que les sucedió. Entre éstos destacó la presencia de James Ashley, que jugó un rol determinante en la redacción de la Decimotercera Enmienda; John Binghan, considerado el «autor principal de la sección primera de la Decimocuarta Enmienda» y el senador Lyman Trumbull, «patrocinador y principal defensor de la Ley de Derechos Civiles de 1866» (Zietlow, 2011, p. 4).

El tercer enfoque era el defendido por Salmon P. Chase, senador por Ohio en dos periodos y juez del Tribunal Supremo, quien además era conocido por su defensa judicial de esclavos fugitivos. De acuerdo con esta posición, conocida como el *free-soil reading,* la esclavitud violaba el «ideal de trabajo libre de los trabajadores» de acuerdo con el cual éstos pueden «intercambiar su trabajo por un salario apropiado» (Vorenberg, 2001, p. 14).

Chase y sus seguidores intentaron situarse en el centro de las dos principales posiciones abolicionistas que debatían en definir a la Constitución como un documento esclavista o como uno antiesclavista. Por esta razón hay quienes califican a este grupo como antiesclavistas moderados, en contraposición a los constitucionalistas radicales que son denominados abolicionistas (Barnett 2013, pp. 671 y 672). Su enfoque centraba sus esfuerzos en impedir la expansión de la esclavitud en los lugares en donde esta práctica aún no estaba establecida, pero se mostraba sumamente deferente con la intervención del Gobierno federal en los estados esclavistas. Desde su postura, la esclavitud era una práctica legítima en los estados en los que existía.

Chase defendía que los fundadores «deploraban» la esclavitud y anhelaban su erradicación, pues consideraban que «la libertad e igualdad constituían como la condición natural de los hombres» (Foner, 1995, p. 5). En este sentido, consideraba que la protección de la «vida, libertad y el debido proceso» que confería la Quinta Enmienda, suponía que el Gobierno federal no podía fomentar ni extender la institución. Por el contrario, una vez que las personas esclavizadas ingresaban a un área bajo la autoridad federal, debían considerarse libres (Foner, 1995, p. 77). La esclavitud se veía reducida a un «institución estatal», cuyo tratamiento y regulación estaba en manos de los estados (Foner, 1995, p. 77). En consonancia con esta posición, Chase y sus seguidores consideraban que la Cláusula del Esclavo Fugitivo no entrañaba una obligación del Gobierno federal de prestar auxilio a los dueños de esclavos huidos a otros territorios, lo que suponía una interpretación que negaba la eficacia y la fuerza normativa de esta disposición constitucional.

Sobre la base del artículo IV de la Constitución, que confiere al Congreso el poder de «regular los territorios y admitir nuevos estados», así como en la cláusula que establecía una fecha concreta a partir de la cual sería posible proscribir la importancia de esclavos y en el artículo IV —*Guarantee Clause*—, que establece una forma republicana de Gobierno (Zietlow, 2011, p. 12), argüían que era posible el dictado de legislación federal encaminada a prohibir la esclavitud en los territorios en donde ésta aún no existía. Sin embargo, en los estados en donde ya se encontraba instaurada, eran los Gobiernos estatales los llamados a establecer mecanismos para poner fin a esta práctica.

1.4. LA PROCLAMACIÓN DE EMANCIPACIÓN

La emancipación, entendida como el proceso mediante el cual se puso fin a la esclavitud como una institución legalmente protegida y amparada, se gestó debido a una multiplicidad de causas y contó la participación de diversos actores. Se puede afirmar, siguiendo a Foner, que empezó con la Guerra Civil y culminó con la ratificación de la Decimotercera Enmienda, en diciembre de 1865, mediante la cual se abolió definitivamente la esclavitud (Foner, 2013).

La Proclamación de la Emancipación fue, sin duda, un paso importante en este proceso. Esta declaración brindó el impulso definitivo e irreversible hacia la extinción de la esclavitud pues precipitó una «transformación drástica en la naturaleza de la Guerra Civil», que sería, desde ese momento, una «guerra por la libertad de los negros» (Vorenberg, 2001, p. 1). También constituyó un punto de quiebre en el enfoque de Lincoln hacia la esclavitud pues al llegar a la presidencia había manifestado que su prioridad era la preservación de la Unión (Kluger, 2004, p. 41). Pero su posición fue variando a lo largo del tiempo. Inicialmente era partidario de impulsar la abolición gradual y voluntaria de la institución y centrar los esfuerzos en evitar su expansión hacia nuevos territorios. Aunque consideraba que las personas esclavizadas debían disfrutar de los derechos naturales consagrados en la Declaración de Independencia, para él, esto no suponía reconocerles la igualdad civil, política o social (Foner, 2013).

Hasta finales del año 1861 había promovido la erradicación voluntaria y gradual de los estados limítrofes que aún permanecían en la unión (Delaware, Maryland, Kentucky y Missouri). El Gobierno federal brindaría apoyo económico a los estados para «compensar» a los propietarios afectados por la emancipación y alentaría la «colonización» de las personas liberadas en territorios ubicados en el extranjero (como África o América Central). Esta idea, de gran difusión en la etapa prebélica, era ampliamente criticada por los abolicionistas. En agosto de 1862 llegó a reunirse con líderes negros para darles a conocer su proyecto y buscar su apoyo. El racismo, según afirmó, impediría que los negros alcancen la igualdad en América, por lo cual la mejor opción para las dos razas sería «estar separados». Su proyecto, sin embargo, no tuvo buena acogida.

El curso de la Guerra, con cientos y miles de esclavos huidos hacia el Norte, y la presión de los republicanos en el Congreso que adoptó diversas medidas contra la esclavitud, lo convencieron de que su postura debía cambiar, abandonando su visión gradualista para defender la abolición inmediata y total (Foner, 2013). El 22 de septiembre del año 1862 Lincoln expidió una Proclamación Preliminar de Emancipación advirtiendo que liberaría a los esclavos que formaran parte de la Confederación al 1 de enero de 1863. Su cambio de postura frente a la esclavitud quedaría sellado con la expedición de la Proclamación de Emancipación del 1 de enero de 1863 tras la victoria del ejército de la Unión en Antietam (Foner, 2009). El documento fue suscrito por Lincoln, como comandante en jefe de las fuerzas armadas, amparándose en los poderes de guerra que la Norma Fundamental atribuye al presidente en este tipo de situaciones extraordinarias. Esta era la única ruta legal disponible en dicha coyuntura teniendo en cuenta que la esclavitud era un asunto cuya regulación estaba bajo el poder de los estados y considerando además que bajo la situación de conflicto era virtualmente imposible poner en marcha cualquiera de las dos vías señaladas por la Constitución para llevar a cabo una reforma constitucional.

La Proclamación de Emancipación declaró que «todas las personas mantenidas como esclavas (...) serán (...) desde este momento y por siempre libres». Su eficacia, sin embargo, tenía limitaciones de diversa índole. En primer lugar, su aplicación estaba limitada a los estados que se habían declarado escindidos de la Unión, dejando fuera a los territorios recuperados por las tropas federales, así como los estados limítrofes[9]. Tenía, por tanto, una eficacia territorial restringida ya que su dictado se había justificado «como una necesidad militar» (Levine, 1996, p. 85), y, por esta razón, su aplicación hacia los estados bajo el control de la Unión hubiera tenido difícil justificación y hubiera resultado incompatible con su naturaleza excepcional (Kluger, 2004, p. 42).

Desde el punto de vista temporal, y pese a que su redacción estaba impregnada de un carácter definitivo, al constituir una medida militar, tenía una vocación transitoria (Rutherglen, 2008. p. 1371) (Dueholm, 2010, pp. 33 y 34). Por ello, su eficacia, transcurrida la Guerra, debía cesar. Por esta razón, no «impidió la reintroducción de la esclavitud» (Rutherglen, 2008, p. 1371) ni dejó sin efecto las medidas legales que la protegían en los estados sobre los que no surtió efectos. La Proclamación, en definitiva, «liberó individuos, pero no abolió la institución» (Farber, 2006, p. 10).

Pese a las evidentes limitaciones espaciales y temporales de esta medida no cabe duda de su enorme valor simbólico. Para los afroamericanos esclavos no había mayor diferencia «entre las áreas cubiertas por la Proclamación y aquéllas excluidas de su impacto». Por eso, aunque no hubo una rebelión masiva y generalizada «a medida que la palabra se filtraba un número creciente de ellos se escapaba o se volvía desleal, especialmente cuando las tropas de unión se aproximaban» (Bell, 2004, p. 20).

Por otra parte, las razones por las que se dictó la Proclamación fueron también de orden geopolítico. Se consideraba que algunas potencias extran-

---

9.   Delaware, Kentucky, Maryland y Missouri, en donde la esclavitud tenía una presencia más bien limitada.

jeras, especialmente Francia y Gran Bretaña, podían apoyar la reivindicación secesionista de la Confederación. Con esta medida se presentaba a las fuerzas del Ejército de la Unión como defensoras de la libertad y contrarias a la esclavitud, mientras que las fuerzas secesionistas representaban la ideología esclavista y contraria a la libertad. A partir de entonces, el apoyo de cualquier país extranjero a la causa secesionista se interpretaría como un apoyo implícito a la esclavitud (Grau, 2011, p. 163).

Al finalizar la Guerra Civil la esclavitud seguía existiendo en diversos territorios de los Estados Unidos. En diversos estados del Norte la esclavitud se había proscrito a través de distintos medios. En Massachusetts, por ejemplo, tuvo lugar mediante una decisión del Tribunal Supremo estatal de 1783, el caso *Commonwealth v. Jennison*. En esta sentencia se interpretó que el Preámbulo de la Constitución de Massachusetts que declaraba que «todos los hombres nacen libres e iguales, y tienen ciertos derechos naturales e inalienables, entre los cuales se encuentran el derecho de defender sus vidas y libertades; el adquirir poseer y proteger su propiedad, y (...) buscar y obtener su seguridad y felicidad», era «totalmente incompatible y repugnante» con la existencia de la esclavitud, por lo que ésta debía considerarse «efectivamente abolida» (Finkelman, 1993, p. 1017). Por su parte, en New Hampshire, Vermont, Ohio, Illinois e Indiana sucedió mediante las reformas de sus constituciones estatales en los años 1784, 1791,1803, 1818 y 1816, respectivamente (Finkelman, 1993, p. 1017). En otros estados, como Kentucky y Delaware, la esclavitud contó con respaldo legal incluso después de finalizada la Guerra Civil (Finkelman, 1993, p. 1025).

Otros estados del Norte optaron por fórmulas progresivas, como es el caso de Pennsylvania que, en el año 1780, aprobó la *Gradual Abolition Act of 1780* que estableció que «ninguna persona nacida después de (su) aprobación debería ser considerado esclavo», aunque precisó que «sus hijos serían considerados como "sirvientes contratados" de los dueños de sus padres hasta la edad de 28» (Bell, 2004, p. 23). Las leyes aprobadas en Rhode Island (1784), Connecticut (1784 y 1797), Nueva York (1799 y 1817) y Nueva Jersey (1804) siguieron el camino de la extinción progresiva de la esclavitud (Bell, 2004, p. 23). Estas provisiones legales, sin embargo, no siempre fueron efectivas.

Como se puede apreciar, aunque la Proclamación de la Emancipación no supuso un cambio drástico en el estatuto constitucional de los afroamericanos esclavizados, ni tampoco en el plano fáctico, precipitó el camino hacia su manumisión total y, sobre todo, hacia la erradicación jurídica de la esclavitud. El efecto de la Proclamación debía, por tanto, ser completado.

A eso se destinarán las enmiendas de la Reconstrucción que se estudiarán en el siguiente capítulo.

Capítulo 2

La Reconstrucción y la adopción de la Decimotercera Enmienda

SUMARIO: 2.1. APUNTES SOBRE LA *HISTORIA LEGISLATIVA* DE LA DECIMOTERCERA ENMIENDA. 2.2. EL CONTENIDO DE LA DECIMOTERCERA ENMIENDA. 2.2.1. *La sección 1. La abolición de la esclavitud y la prohibición de servidumbre involuntaria. 2.2.2. La Punishment Clause ¿una excepción a la abolición de la esclavitud y la servidumbre involuntaria?. 2.2.3. La sección 2 de la Decimotercera Enmienda. La Enforcement Clause. 2.2.4. La sección 1 de la Enmienda de la Abolición y la protección contra los símbolos e incidentes de la esclavitud.* 2.3. LAS PRIMERAS MEDIDAS ADOPTADAS AL AMPARO DE LA DECIMOTERCERA ENMIENDA: LA LEY DE DERECHOS CIVILES DE 1866 Y LA CREACIÓN DE LA *FREEDMEN'S BUREAU.* 2.4. LA EMERGENCIA DEL DENOMINADO PEONAJE NEGRO. 2.5. REFLEXIÓN FINAL.

Tras el fin de la Guerra Civil se inició una etapa conocida como la Reconstrucción[1]. Este período convulso y de enorme complejidad, comprendido entre los años 1863 y 1877, tuvo como principal desafío «la adaptación de la sociedad americana al fin de la esclavitud» (Foner, 1999, p. 13). Sumado a ello, esta etapa se enfrentaba a la necesidad de emprender la «reorganización y restauración de las instituciones federales» (Grau, 2011, p. 165) y a la reconstrucción de las ciudades que habían quedado virtualmente destruidas tras la Guerra Civil.

---

1. La Guerra Civil culminó el 9 de abril de 1865 con la rendición del general del ejército confederado Robert E. Lee ante Ulises S. Grant. Posteriormente, el 20 de agosto de 1866, el presidente Andrew Johnson expediría la declaración —*Proclamation*— mediante la cual señalaría que «la paz, orden, tranquilidad y autoridad civil existen ahora en todos los Estados Unidos de América».

La Reconstrucción estuvo marcada por cambios significativos en el terreno político, social y económico. En el terreno constitucional la transformación de mayor calado fue la abolición de la esclavitud y el posterior reconocimiento de la Igualdad entre todos los individuos, sin importar su raza ni cualquier otra condición. La igualdad volvía a adquirir un lugar destacado en el orden constitucional y la incongruencia que se solía atribuir a un Texto Constitucional que reconocía y garantizaba la odiosa institución ya no podría ser esgrimida: la Igualdad no solo era parte del discurso político, sino que se había convertido en uno de los principios normativos del ordenamiento constitucional. Las Enmiendas de la Reconstrucción, como bien apuntan Balkin y Siegel, han sido «adecuadamente denominadas; (…) verdaderamente reconstructivas» (2009, p. 93).

La segunda transformación operó en la concepción que a partir de entonces adquiriría el federalismo. En contraposición a la tradicional desconfianza a un Gobierno nacional fuerte que pudiese representar una amenaza a los derechos y libertades de los ciudadanos que estuvo presente desde la fundación de la nación, las enmiendas de la Reconstrucción otorgaron al Gobierno nacional la autoridad de proteger los derechos de los ciudadanos. La emergencia de este «nuevo estado nacional», con poderes más amplios, promovió transformaciones significativas que alteraron las relaciones entre el Gobierno federal y los estatales (Foner, 1999, p. 13). A partir de entonces el Gobierno federal quedaría configurado como «el principal protector de los derechos de los ciudadanos» (Foner, 2012).

A este respecto Albert ha señalado que las Enmiendas de la Reconstrucción generaron un virtual «desmembramiento constitucional», en el sentido de que no constituyeron un mero ajuste dirigido a corregir o modificar cláusulas concretas de la Norma Fundamental o a elaborar disposiciones constitucionales en sintonía con sus líneas maestras. Las enmiendas, al «demoler la infraestructura de la esclavitud de la Constitución», alteraron un pilar fundamental de su estructura y acarrearon una auténtica «ruptura» con el ordenamiento constitucional precedente (Albert, 2018, pp. 3 y 5).

Para que el Gobierno federal pudiera cumplir este nuevo rol en la defensa de los derechos de la ciudadanía, las tres enmiendas aprobadas en este período incluyeron sendas cláusulas —Enforcement Clause— a través de las cuales se dotó al Congreso del poder-deber de dictar la legislación necesaria para garantizar su eficacia. Su incorporación supuso un cambio sin precedentes en el constitucionalismo americano pues por primera vez, desde la aprobación y ratificación de la Norma Fundamental, se otorgaba al Gobierno federal el poder de dictar leyes regulando, de manera directa, «la conducta de los ciudadanos de los estados» (Graham, 2003, p. 13).

En este período se aprobaron tres Enmiendas a la Constitución de los Estados Unidos. La primera, ratificada en el año 1865, fue la Decimotercera Enmienda que tuvo por objeto prohibir la esclavitud y la servidumbre involuntaria[2]. Después se sumarían a ella la Decimocuarta Enmienda mediante la cual se consagró la Cláusula de Igualdad —*Equal Protection Clause*— y la Decimoquinta Enmienda que ordenó que el derecho al voto de los ciudadanos estadounidenses no sería restringido debido a la raza, color o condición previa de servidumbre.

Aunque con el resultado de la Guerra Civil la abolición de la esclavitud estaba asegurada, el medio para lograr dicho objetivo aún no estaba definido. La aprobación y posterior ratificación de la Decimotercera Enmienda «no fue parte de una agenda pre-programada», sino que, por el contrario, fue el resultado de un proceso complejo e intricado en el que intervinieron elementos de «política partidaria, fervor antiesclavista y teoría constitucional» (Vorenberg, 2004, p. 36).

La vía de la enmienda constitucional para erradicar la esclavitud no había sido explorada hasta los años inmediatamente posteriores a la Guerra Civil. De hecho, durante los cincuenta años previos a su adopción, el mecanismo de reforma de la Constitución había quedado en virtual desuso. Esto resulta de difícil comprensión, como bien observa Vorenberg, considerando la feroz crítica expresada por un sector de los abolicionistas a la protección que la Norma Fundamental ofrecía a la esclavitud. En concordancia con dicha posición, hubiera sido lógico impulsar la modificación de las cláusulas que garantizaban este instituto (2004, p. 8)[3].

2.　　Decimotercera Enmienda:
　　　1. Ni la esclavitud ni la servidumbre involuntaria, excepto como un castigo por un crimen por el que la parte debe haber sido debidamente condenado, deberá existir en los Estados Unidos, o en cualquier lugar sujeto a su jurisdicción.
　　　2. «El Congreso deberá tener el poder para hacer cumplir este artículo mediante la legislación apropiada».
3.　　Como indica Vorenberg, las primeras doce enmiendas a la Constitución de los Estados Unidos de América, sin embargo, se concibieron como «aclaraciones» a cuestiones que en el Texto Constitucional aparecían, pero de manera implícita. A este mecanismo se solía hacer referencia con el término de «suplementar» la Constitución. A diferencia de ello, la revisión de la Constitución hacía referencia a la introducción de cambios en aspectos explícitos contemplados en el texto original. Precisamente esta diferencia puede explicar, aunque sea parcialmente, la resistencia en recurrir a la revisión del texto Constitucional en materia de esclavitud. Este repentino interés se manifestó en el gran número de propuestas de reforma constitucional relativas a la esclavitud que se presentaron al Congreso en el periodo comprendido entre diciembre de 1860 y marzo de 1861 —hasta 150—, (2001. p. 8).

Diversas circunstancias pueden haber influido en el interés y aceptación que cobró en este período la adopción de una enmienda constitucional. Por un lado, las limitaciones jurídicas de diverso orden que tenía la Declaración de Emancipación, a las que antes se ha hecho referencia, promovieron la búsqueda de una solución definitiva y segura sobre este tema. La presencia de diversas cláusulas en la Norma Constitucional americana diseñadas para proteger la esclavitud cobró mayor relevancia tras la decisión de la Corte en el caso *Dred Scott*, en donde confirmó que el Congreso carecía de poder para poner fin a la esclavitud, dejando como única vía legal abierta y disponible la adopción de una enmienda al Texto Constitucional.

La Enmienda de la Abolición, vigente desde el 18 de diciembre de 1865, erradicó el instituto que representó una contradicción evidente con la igualdad consagrada en el Preámbulo de la Constitución estadounidense, restableciendo el compromiso igualitario como «un ideal en la vida americana» (Rutherglen, 2012, p. 1552). En este sentido, bien puede afirmarse que «liberó toda la Constitución», pues no solo «convirtió todas las cláusulas relacionadas directamente con la esclavitud en nulas» sino que, además, «alteró el significado de otras» que, en lo sucesivo, tendrían que ser interpretadas conforme a esta nueva realidad constitucional (Tsesis, 2006, p. 1796).

2.1. APUNTES SOBRE LA *HISTORIA LEGISLATIVA* DE LA DECIMOTERCERA ENMIENDA

La aprobación y ratificación de la Decimotercera Enmienda fue promovida e impulsada por el movimiento abolicionista que, hacia el año 1863, inició una campaña para la adopción de una enmienda constitucional para abolir la odiosa institución. La propuesta original de la enmienda de la abolición fue presentada en la Cámara de Representantes por James M. Ashley, representante de Ohio, en el mes de diciembre del año 1863.

Durante los debates que tuvieron lugar en el Senado y en la Cámara de Representantes entre 1864 y 1865, los opositores a la Enmienda no esgrimieron con especial fuerza los argumentos tradicionales que se utilizaban para defender esta institución. Las justificaciones religiosas que señalaban como sus principales bondades su carácter evangelizador y civilizador, las económicas y sociales, que la consideraban indispensable para el crecimiento y la prosperidad en el sur de los Estados Unidos de América, así como las que resaltaban el carácter casi sagrado de los derechos naturales, entre ellos, el derecho de propiedad, se habían casi extinguido. Tras el resultado de la Guerra Civil, el fin de la esclavitud se presentaba como una consecuencia virtualmente inevitable (tenBroek, 1951, p. 174).

Una parte importante de las críticas frente a la aprobación de la Enmienda propuesta se centraron en cuestionar lo que Jacobus tenBroek ha denominado, con gran acierto, «la revolución del federalismo». La erradicación de la esclavitud se discutía en tanto y en cuanto suponía «una injustificada invasión de los derechos de los estados» a la par de una ampliación desproporcionada del poder del Gobierno central que sería capaz de poner en cuestión «el carácter federal del Gobierno». En esta línea, William S. Holman, de Indiana, denunciaba que la enmienda concedería al Congreso «el poder de invadir cualquier estado para garantizar la libertad de los africanos en guerra o en paz» (tenBroek, 1951, p. 175), en clara alusión a las consecuencias que se desprenderían de reconocer derechos a los afroamericanos cuya defensa estaría en manos del Gobierno nacional.

Por otro lado, aunque la abolición era un asunto más o menos aceptado, la situación jurídica concreta que conllevaría la manumisión de los afroamericanos esclavizados despertaba incertidumbre y zozobra. Se contemplaban con suma desconfianza los efectos que la Enmienda pudiera tener al considerarse que no solo acabaría con la esclavitud, sino que, además, podría reconocer derechos como la igualdad ante la ley y otros derechos básicos como la vida, el derecho a trabajar libremente, a transitar libremente, entre otros. Otros iban más allá y denunciaban que la Enmienda implementaría un sistema de «igualdad social», provocaría el «mestizaje entre las dos razas», y que, incluso, podría conllevar el reconocimiento del derecho al voto de la población emancipada (tenBroek, 1951, p. 175)[4].

Desde el punto de vista de los promotores y defensores de la Enmienda era evidente que, si ésta se limitaba a la eliminación de la esclavitud, sin garantizar los derechos cuya negación era la esencia de la odiosa institución, la situación de los afroamericanos no cambiaría de manera significativa. Aunque en el texto de la Enmienda no se plasmó con detalle este aspecto, sí quedó evidenciado en los debates que precedieron a su aprobación, en donde abundan referencias que señalaban que la cláusula garantizaría a los afroamericanos recién emancipados diversos derechos (Tsesis, 2006, p. 1811). La reforma introducida en la Norma Fundamental, entonces, no pretendía limitarse a la manumisión de los antiguos esclavos. Pretendía poner fin a la negación absoluta de derechos que la esclavitud conllevaba, cuyo ejercicio sería protegido en adelante por el Gobierno federal.

---

4. El representante Chilton A. White, por ejemplo, expresó con claridad estos cuestionamientos:
    «Propone usted reconocerle el derecho al voto, y hacerlos (…) "iguales ante la ley" que los hombres blancos; darles el derecho al sufragio, el derecho a ocupar un cargo público; ¿el derecho a servir en los jurados? ¿pretende (…) hacer de éste un Gobierno mestizo en vez de un Gobierno de hombres blancos?» (Tsesis, 2006, p. 1816).

La Enmienda, según señaló el senador Harlan de Iowa, tenía por objeto abolir los «incidentes (…) de la esclavitud» los que, según describió, incluían «la ruptura de la relación conyugal, la abolición de la relación parental (…), la destrucción de la capacidad de que los esclavos adquieran propiedad (…) la negación a los esclavos de un estatus en la Corte (…) el derecho a testificar, la supresión del derecho a expresarse y la libertad de prensa», entre muchos otros. En el mismo sentido se pronunció el senador Henry Wilson para quien la erradicación de los incidentes de la esclavitud suponía la eliminación de «los últimos y más persistentes vestigios del sistema esclavista (…) todo lo que fue y está conectado con éste o le pertenece a éste». El propósito fundamental de la Enmienda, apuntó William D. Kelley de Pennsylvania, además de erradicar la esclavitud era «la elevación política y social de los negros a todos los derechos de los hombres blancos» (tenBroek, 1951, p. 178).

El senador Senator Jacob M. Howard de Michigan articuló su visión acerca de la enmienda sujeta a debate a partir de la contraposición entre el estado de esclavización y el de libertad. Mientras que la persona esclavizada «no era más que una propiedad, sujeta al deseo de su dueño», y, por esta razón, carecía de los derechos más elementales como el convertirse en padre o esposo, adquirir bienes muebles o inmuebles o ganarse el sustento diario; la Decimotercera Enmienda encarnaba, precisamente, lo opuesto. Constituía, en sus palabras, «una declaración (…) "de que todas las personas en los Estados Unidos deberían ser libres", y la libertad, sentenció el senador de Michigan, supone "la posesión de los derechos que le eran negados a los esclavos, p. e. los derechos naturales o derechos civiles"» (tenBroek, 1951, p. 194).

Otro aspecto de particular importancia que se desprende de la revisión de los debates que condujeron a su aprobación, es que existía cierto consenso en que la Enmienda de la Abolición también comportaría la introducción de un componente igualitario en la Constitución. El senador Godlove S. Orth de Indiana sintetizaba el efecto práctico de la Enmienda señalando que consistiría en «darle (a cada persona) la igual protección ante la ley». Previamente a la aprobación del texto que hoy se conoce, se presentaron diversas propuestas ante el *Senate Judiciary Committee*, siendo la más destacada la del senador Charles Sumner que incluía en una misma cláusula el reconocimiento de la igualdad de todas las personas ante la ley, la abolición de la esclavitud y una cláusula de cumplimiento —*Enforcement Clause*—:

«En todo lugar dentro de los límites de los Estados Unidos, y de cada estado o territorio (…), todas las personas son iguales ante la ley, de modo que ninguna persona puede tener a otra como esclavo; y el Congreso puede aprobar todas las leyes necesarias y apropiadas para hacer efectivo este artículo dentro de los Estados Unidos (…)».

La propuesta de Sumner, como bien apunta Rutherglen, tenía mayor amplitud pues reconocía sin ambages la igualdad entre *todas las personas*, sin limitarse a extinguir la odiosa institución. Pero también tenía una limitación importante ya que reconocía la igualdad de todas las personas «ante la ley» pero lo hacía incorporando una «versión de la exigencia de la *state action*» (Rutherglen, 2008, p. 1375).

El ambicioso texto propuesto por Sumner no fue aceptado, aunque de ello no puede concluirse que la Enmienda haya sido concebida únicamente como instrumento para poner fin a la esclavitud. Como se ha mencionado anteriormente, los debates que precedieron a su aprobación dan cuenta del clima político de la época y reflejan que, más allá de la manumisión, existía una preocupación más o menos extendida en la necesidad de reconocer a los afroamericanos emancipados una serie de derechos civiles básicos, y por incorporar dentro de la Norma Fundamental una vertiente igualitaria que, sin embargo, no logró ser explicitada en el texto que finalmente se aprobó[5].

El texto de la Decimotercera Enmienda reproduce literalmente una Ley del año 1787, conocida como la Ordenanza de Northwest, que señaló que «no deberá existir ni esclavitud ni servidumbre involuntaria en el citado territorio salvo como castigo por crímenes por los que la parte debe haber sido debidamente condenada». Su aprobación tuvo por finalidad impedir la expansión de la esclavitud en los territorios que hoy forman parte de los estados de Ohio, Indiana, Illinois, Michigan, Wisconsin y parte de Minnesota (Rutherglen, 2008, p. 1372). Esta norma, a su vez, recoge en líneas generales el texto de una Ordenanza de 1784 cuya autoría se suele atribuir a Thomas Jefferson y que sería utilizado también en el Compromiso de Missouri y en otras leyes que prohibieron la esclavitud en distintos estados

---

5.   De hecho, algunos de los miembros del *Committee*, declararon que la enmienda tenía una vocación igualitaria y que pretendía reconocer a los afroamericanos emancipados los derechos civiles de los que gozaban los hombres blancos. Trumbull, por ejemplo, sostuvo que la enmienda estaba diseñada para «abolir absolutamente todas las previsiones legales estatales o locales que hacían de los hombres esclavos», como aquéllas que «les impedían comprar y vender, (…) celebrar contratos; (…) adquirir propiedad; (…) hacer cumplir sus derechos; (…) educarse». Howard, por su parte, afirmó que la enmienda pretendía reconocer «a las personas que son de distintas razas o colores los mismos derechos civiles» (Vorenberg, 2001, p. 55).

de la Unión[6]. Se trataba, en palabras de Rutherglen, de una suerte de «ley modelo» cuya claridad, simpleza y familiaridad facilitaba el consenso (2008, p. 1372). Es probable, además, que los miembros del *Committee* hayan temido que la inclusión de una cláusula general de igualdad hubiera generado reacciones adversas y hubiera dificultado la ratificación de la enmienda y que por ello hayan buscado evitar «un lenguaje que sugería una revolución social» (Vorenberg, 2001, p. 57).

Una vez ratificada la Decimotercera Enmienda, y con el objeto de garantizar su eficacia, se aprobaron diversas leyes al amparo de su sección 2. Esta legislación reconoció derechos básicos a las personas manumitidas y garantizó también su acceso a servicios elementales en igualdad de condiciones. Pero la constitucionalidad de estas medidas fue rápidamente cuestionada señalando que excedían el ámbito garantizado por la Enmienda. Frente a los cuestionamientos de sus detractores al dictado de legislación que pretendía desmontar diversas manifestaciones del sistema de subyugación racial implementado por la esclavitud, fue necesario aprobar una enmienda constitucional —la Decimocuarta Enmienda— consagrando de manera expresa la igualdad entre todas las personas.

Como veremos enseguida, las decisiones del Supremo han venido restringiendo la protección que ofrece la Decimotercera Enmienda, al punto de que en la actualidad es una disposición muy poco utilizada. Por razones didácticas y de claridad expositiva, en el siguiente punto se estudiará con más detalle y de manera independiente cada una de las dos secciones de esta enmienda. Con ello no se pretende sugerir que deban ser interpretadas de manera aislada. Por el contrario, consideramos que la interpretación de ambas secciones se debe realizar de una manera sistemática, y que, precisamente, parte de los problemas interpretativos que se han generado en torno a su ámbito de protección derivan de una lectura sesgada y desarticulada de sus dos secciones.

2.2. EL CONTENIDO DE LA DECIMOTERCERA ENMIENDA

A diferencia de lo que sucedió con la Proclamación de Emancipación de Lincoln, aplicable solo en una parte del territorio de los Estados Unidos, la Decimotercera Enmienda puso fin, con carácter definitivo e irreversible, a

---

6. Una versión previa de la propuesta de Jefferson, que no fue aceptada, contemplaba lo siguiente:
«Que, después del año 1800 de la Era Cristiana, no deberá existir ni esclavitud ni la servidumbre involuntaria en ninguno de los estados mencionados salvo como castigo por crímenes de los que la parte deberá haber sido debidamente sentenciada por haber sido personalmente culpable» (Howe, 2009, p. 992).

la institución de la esclavitud (Farber, 2006, p. 10). Contiene, por tanto, una prohibición de carácter «absoluto» (tenBroek, 1951, p. 172) y un mandato de naturaleza «permanente e ilimitada» (Rutherglen, 2008, p. 1371).

Además, se trata de la única cláusula de la Constitución que «regula directamente la acción privada» (Rutherglen, 2008, p. 1370) pues su eficacia no está circunscrita a los casos en los que exista la denominada *state action*, sino que se proyecta también frente a las relaciones entre particulares y en este punto existe un consenso doctrinal abrumador (Kaplin, 2004, p. 224) (Balkin, Sanford, 2012, p. 103) (Rutherglen, 2008, p. 1370) (Reed, Widawsky, 1992, p. 1359) (Oman, 2009, pp. 2020, 2023). Otra característica peculiar de esta cláusula, reconocida por la Corte Suprema desde hace ya bastante tiempo, reside en su carácter «autoejecutable». Su operatividad, como señaló el Supremo en The Civil Rights Cases, 109 U. S. 3, 20 (1883), no requiere «legislación auxiliar en la medida que sus términos sean aplicables a cualquier situación existente».

2.2.1. LA SECCIÓN 1. LA ABOLICIÓN DE LA ESCLAVITUD Y LA PROHIBICIÓN DE SERVIDUMBRE INVOLUNTARIA

La sección 1 de la Enmienda declaró la abolición de la odiosa institución extendiendo dicha prohibición a la existencia de servidumbre involuntaria. Es de sobra conocido que el objetivo primordial de esta cláusula constitucional fue poner fin a la esclavitud afroamericana, por lo que cabría plantearse si la prohibición que contiene impediría también la existencia de prácticas esclavistas contra otros grupos raciales o contra colectivos esclavizados por razones distintas a la raza.

En una de las primeras decisiones del Supremo relativas a esta disposición constitucional este órgano se desmarcó de una lectura formalista de la Enmienda, que la concibe como una cláusula limitada a la prohibición de la esclavitud afroamericana. En Slaughter-House Cases señaló que «aunque solamente la esclavitud de los negros estaba en la mente del Congreso (la Enmienda) prohíbe cualquier otro tipo de esclavitud». La cláusula constitucional, precisó, «puede alcanzar a cualquier práctica esclavista sin importar el grupo racial que sea victimizado»[7]. Cualquier práctica esclavista practicada contra grupos raciales distintos al afroamericano se encontraría proscrita por la Decimotercera Enmienda.

---

7. Así, por ejemplo, señaló que «si el peonaje mexicano o el sistema de trabajo *coolie* chino desarrollan la esclavitud de la raza mexicana o china (...) se puede confiar en esta enmienda para invalidarlas», The Slaugthter-House Cases 109, U. S. 3 (1883).

En coherencia con el razonamiento finalista que guio el caso Slaughter-House es posible sostener que la Enmienda también se proyecta sobre cualquier forma de esclavitud, aunque ésta tenga lugar sin que medie el factor racial. La Enmienda, por lo demás, es concluyente al proclamar que «ni la esclavitud ni la servidumbre involuntaria (…) podrán existir dentro de los Estados Unidos de América», una declaración cuyo carácter abierto no admite demasiadas dudas. Pero la razón fundamental por la que las prácticas de carácter esclavista deben considerarse contrarias al Texto Constitucional americano es porque suponen la negación de la libertad y de la igualdad, principios esenciales sobre los que está edificado el orden constitucional americano y que la Enmienda de la Abolición se ha encargado de garantizar.

Otro asunto relevante a efectos de esclarecer la cobertura de la Enmienda es determinar los elementos que distinguen una práctica esclavista de un supuesto de servidumbre involuntaria. Ambas se encuentran proscritas por la Enmienda de la Abolición y, por esta razón, debemos concluir que tienen un contenido propio y distinto. En la sentencia dictada en The Civil Right Cases, 109 U. S. 3, 22 (1883) el Supremo definió la esclavitud como el «servicio compulsivo del esclavo en beneficio del dueño», señalando también algunas de las graves limitaciones que esta situación entraña en el ejercicio de diversos derechos como la imposibilidad de adquirir propiedad, celebrar contratos, testificar en juicio, etcétera. En Hodges v. United States, 203 U. S. 1, 16-17 (1906) nuevamente hizo referencia al «servicio compulsivo» al que se encuentra sometida la persona esclavizada como uno de sus elementos característicos de este instituto, pero enfatizó que además supone un «estado de completa sujeción (de la persona esclavizada) al deseo de la otra». Desde nuestra perspectiva esta última afirmación resulta crucial para trazar las fronteras entre la esclavitud y la servidumbre involuntaria. El sometimiento de una persona a trabajar forzadamente en beneficio económico de otra, como apuntan Reed Amar y Widawsky, «no agota el significado de la esclavitud» pues «no captura la relación de poder del dueño sobre el esclavo» (1992, p. 1359). Precisamente, el poder absoluto que ejercía el dueño sobre la persona esclavizada sobre la que podía ejercer un control y un poder pleno, constituye un factor que distingue la esclavitud de otras prácticas en las que la sujeción, aunque puede ser intensa, no es total y está centrada en la explotación laboral de la víctima.

Dado que la esclavitud supone un estado de dominio absoluto, conlleva restricciones graves que trascienden la privación del derecho a trabajar libremente y que pueden comprometer la vida de las personas. El concepto de muerte social —*social death*—, acuñado por Patterson, resulta bastante ilustrativo para trazar una distinción sustancial entre ambas prácticas. Con este concepto el autor hace referencia a la «alienación o exclusión del esclavo de la comunidad (…) justificada en su infravaloración» (Patterson, 1982, p. 38) (Armstrong, 2012, p. 886).

Por otro lado, debemos considerar que la esclavitud africana que erradicó la Decimotercera Enmienda tenía atributos concretos, derivados del momento histórico en el que surgió y de las garantías que el ordenamiento constitucional le confirió. Difícilmente se podría repetir un fenómeno de similares características por lo que sería un equívoco pretender limitar la prohibición de la esclavitud a situaciones análogas. Tal postura formalista vaciaría de contenido la Decimotercera Enmienda. La Enmienda de la Abolición debe ser una herramienta eficaz frente a prácticas de dominio y subordinación grave, que entrañen una afectación intensa a la libertad, la igualdad y a un conjunto de derechos fundamentales, sin que tengan que considerarse equivalentes a la esclavitud africana.

Por su parte, la servidumbre involuntaria supone el sometimiento de una persona a trabajar contra su voluntad —servicio compulsivo—, con la consiguiente limitación de derechos que de dicha situación se deriva. En su definición como una práctica que entraña la imposición de «trabajo forzado en beneficio de otro», la coerción resulta un elemento fundamental. Este elemento, definido por Armstrong como «la creencia del trabajador de que no tiene otra opción sino realizar el trabajo ordenado», puede lograrse por medios físicos o psicológicos (2012, pp. 882 y 883).

En la servidumbre involuntaria la afectación grave de derechos tiene como origen el sometimiento de una persona a trabajar forzadamente. Esta situación ocasiona también restricciones serias, pero de menor entidad si se comparan con las que derivan de una práctica esclavista. Ciertamente, si un supuesto de trabajo forzado supone un estado de dominación total, podría calificarse esta práctica como un caso de esclavitud.

Con la introducción de la prohibición de la servidumbre involuntaria como complemento de la interdicción de la esclavitud, la Norma Fundamental exhibe un talante preventivo. Esto supone que alcanza también a prácticas que, sin tener aún un carácter esclavista, tengan el potencial de derivar hacia ese tipo de situaciones. Hay que recordar que esta evolución es la que estuvo en la génesis de la esclavitud que se inició a partir de contratos de servidumbre en los que paulatinamente se introdujeron elementos de explotación y dominación racial. En ese sentido, la inclusión de la prohibición de servidumbre involuntaria en el texto de la Enmienda de la Abolición resulta lógica y adecuada.

La prohibición de servidumbre involuntaria supone que los principios que justifican la interdicción de la esclavitud también se afectan cuando se verifica un supuesto de grave explotación personal y laboral, aunque no se pueda equiparar a la esclavitud. Su inclusión, por tanto, «expresa una visión de la libertad personal que se extiende más allá de la propiedad legal por otra persona» (Kares, 1995, p. 374). Se trata de un mandato destinado ser desarrollado legal y judicialmente y que pretende cuestionar prácticas e instituciones que representen una afrenta grave a la libertad, la igualdad y la dignidad constitucionalmente garantizadas.

La servidumbre involuntaria, como sostuvo el Tribunal Supremo en el caso Bailey v. Alabama 219 U. S. 219 (1911), tendría un «significado más amplio» en la medida que no demanda dominio absoluto de una persona sobre otra, bastando que la sujeción tenga como propósito la obtención de un servicio que de otra manera no sería prestado por la víctima. Por esta razón, alcanza un abanico más variado de situaciones. Su esencia supone, en palabras del Supremo, «el control a través del cual el servicio (prestado) por un hombre es enajenado o coaccionado en beneficio de otro». Con ello no se pretende negar que en los casos de servidumbre involuntaria no exista una relación de subordinación que puede revestir de gravedad y comprometer el ejercicio de diversos derechos más allá del derecho a trabajar libremente. Pero, si la sujeción es total, el supuesto debe entenderse enmarcado en la prohibición de esclavitud.

La Enmienda prohíbe explícitamente la existencia de esclavitud y de la servidumbre involuntaria, pero su mandato no se agota en garantizar el derecho a no ser sometido a cualquiera de estas dos situaciones. Como se desprende de los debates previos a su aprobación y ratificación, aunque estamos ante un mandato constitucional expresado en clave prohibitiva, se trata de una cláusula que tiene también una fuerza normativa positiva cuya concreción corresponde desarrollar e interpretar al legislador y a los tribunales.

Precisamente, la Ley de Derechos Civiles de 1866 a la que luego se hará referencia, surgió en respuesta a la ola leyes excluyentes aprobadas en los estados sureños tras la ratificación de la Enmienda y garantizó diversos derechos que eran negados a los antiguos esclavos y esclavas. Esta ley se dictó bajo la premisa de que la Decimotercera Enmienda puso fin a la esclavitud y que para adquirir eficacia era ineludible garantizar a los antiguos esclavos ciertas libertades elementales que debían concretarse legislativa y judicialmente, sin las cuales la abolición se tornaría ilusoria (Pope, 2011, p. 191).

2.2.2. LA *PUNISHMENT CLAUSE* ¿UNA EXCEPCIÓN A LA ABOLICIÓN DE LA ESCLAVITUD Y LA SERVIDUMBRE INVOLUNTARIA?

La aparente excepción que sugiere el texto de la sección 1 de la Decimotercera Enmienda a la prohibición de esclavitud y servidumbre involuntaria, según la cual ésta no se aplicaría cuando estemos frente a un «castigo por un delito por el cual la parte haya sido debidamente condenada» —conocida como la *Punishment Clause*—, ha provocado cierto debate.

Como hemos mencionado en el apartado anterior, el texto de esta particular cláusula es muy similar al de denominada *Northwest Ordinance* en cuya redacción Jefferson tuvo una participación decisiva. En ella es visible, además, la influencia del criminólogo italiano Cesare Beccaria que abogaba por la eliminación de la pena capital sustituyéndola por la pena de esclavitud y defendía el carácter disuasorio de esta grave sanción (Howe, 2009, p. 993). La *Northwest Ordinance* también inspiró las constituciones de los estados de Iowa, en 1857, y Kansas, en 1859, que incluyeron cláusulas de similar calibre[8].

Los promotores de la Decimotercera Enmienda no parecen haber advertido la posibilidad de que esta excepción sea posteriormente utilizada para justificar una serie de prácticas que pretendieron mantener la esencia de la esclavitud y que dieron lugar al fenómeno conocido como peonaje negro. Los debates previos a la aprobación de la Enmienda arrojan pocas luces acerca del sentido que se le pretendió dar a esta concreta previsión. Solo el senador Charles Sumner planteó reparos sobre los riesgos de incluirla en la enmienda que se pretendía aprobar. Sumner reconoció que, cuando este texto se incluyó en la *Northwest Ordinance,* era habitual que la esclavitud se imponga como un castigo por la comisión de ciertos delitos. Advirtió que en un contexto en el que se pretendía abolir definitivamente la odiosa institución su incorporación constituía una operación sumamente arriesgada. Por ello sugirió un texto sustitutorio, pero sus demandas no recibieron mayor atención (Pope, 2019, p. 1474)[9] .

---

8. La Constitución de Iowa señalaba que «No existirá esclavitud en este estado; ni deberá existir servidumbre involuntaria, excepto como castigo por un crimen». La Constitución de Kansas, por su parte, estableció que: «No existirá esclavitud en este estado; y tampoco servidumbre involuntaria, excepto como castigo por un crimen, del que la parte debe haber sido debidamente condenado».

9. En su intervención, Sumner advirtió lo siguiente:
«Salvo error, hay una implicación en esas palabras de que los hombres pueden ser esclavizados como castigo por los delitos por los cuales hayan sido debidamente condenados. Había una razón, he dicho, para eso en ese momento, porque tengo enten-

La presencia de la *Punishment Clause*, entonces, parece obedecer más a cierta inercia legislativa y al «prestigio» de la *Northwest Ordinance* y no a un deliberado interés en dejar fuera de la protección de la Enmienda a las personas condenadas por un delito o brindar amparo legal a la continuación de la esclavitud o de la servidumbre involuntaria en ciertas circunstancias, como ha sugerido Scott W. Howe (2009).

Tras la ratificación de la Decimotercera Enmienda, el carácter aparentemente inocuo de esta Cláusula se desvaneció rápidamente. Con la aparición del sistema de esclavitud encubierta, que emergió tras su entrada en vigor, la *Punishment Clause* fue utilizada para justificar una serie de prácticas que suponían la reinstauración de la esclavitud. Frente a esta situación, la interpretación imperante entre los miembros del Partido Demócrata en el Congreso sostenía que esta cláusula suponía una excepción al mandato de la Decimotercera Enmienda, cuyos principales efectos residían en privar a las personas condenadas por un delito de la protección contra la esclavitud o servidumbre involuntaria. Los republicanos, por su parte, defendían que la *Punishment Clause* debía interpretarse restrictivamente, de modo tal que solamente las medidas limitativas vinculadas al funcionamiento «ordinario» del sistema penal podían considerarse compatibles con la Enmienda de la Abolición (Pope, 2019).

Actualmente existen diversas posturas que dominan su interpretación. La más abrasiva, si cabe la expresión, sostiene que la lectura de este precepto indica que quienes han sido condenados por un delito están privados de la protección contra el sometimiento a la esclavitud y a la servidumbre involuntaria que garantiza la Enmienda. Diversas decisiones judiciales han encontrado en esta disposición constitucional una excepción capaz de cobijar prácticas abiertamente reñidas con el mandato categórico que proclama la sección 1. Un ejemplo de esta orientación se encuentra en el asunto Pischke v. Litscher, 178 F.3d 497, 500 (7th Cir. 1999) en el que se afirmó categóricamente que la Decimotercera Enmienda «contiene una excepción expresa para las personas recluidas en virtud de la condena por un delito».

Una segunda opción interpretativa señala que la *Punishment Clause* «exceptúa no a las personas condenadas por un delito, sino a las instancias de la esclavitud o de la servidumbre involuntaria que existen "como un

---

dido que era el hábito en ciertas partes del país condenar a personas (…) como esclavas de por vida como castigo por un delito, y no se propuso prohibir este hábito. Pero la esclavitud en nuestros tiempos es algo distinto, perfectamente conocido, (…) ¿Por qué, entonces, añadir "ni la servidumbre involuntaria salvo el castigo de delitos por los que la parte haya sido debidamente condenada"? En mi opinión son completamente excesivas. No están bien allí, pues definitivamente introducen una duda», Cong. Globe, 38th Cong., 1st Sess. 1313 (1864), (Pope, 2019, p. 1474).

castigo por un crimen por el que la parte debe haber sido debidamente condenada"» (Pope, 2019, p. 1468). Según esta lectura, la cláusula contiene una excepción limitada al trabajo forzado impuesto sobre los condenados por la comisión de un delito. Este tipo de castigos, dictados tras una condena penal, no serían cuestionables a la luz de la Enmienda de la Abolición. En esta línea se inscribe el caso Ray v. Mabry, 556 F.2d 881, 882 (8th Cir. 1977) que consideró irrelevante la demanda de un grupo de reclusos que cuestionaba el trabajo impuesto contra su voluntad concluyendo que «obligar a los reclusos a trabajar no contraviene la Decimotercera Enmienda»[10].

A una conclusión similar han llegado quienes han interpretado la *Punishment Clause* a partir de una lectura textualista. En esta línea, Armstrong sostiene que la Decimotercera Enmienda sí introdujo una prohibición absoluta contra la esclavitud que, por tanto, no admite excepción. El supuesto excepcional que prevé la *Punishment Clause*, según entiende, debe entenderse aplicable únicamente a la prohibición de servidumbre involuntaria. En tal sentido, constituiría una disposición que avala la imposición de sanciones en forma de trabajo forzado a los condenados por la comisión de un delito —*prison labor exception*—[11]. Esta autora, además, se apoya en el *dissent* del juez Harlan en el asunto Robertson v. Baldwin, 165 U. S. 275, 293 (1897) en el que también se distinguió entre ambos supuestos[12]. Pero cabría

---

10. En el mismo sentido, el caso Ali v. Johnson, 259 F.3d 317, 317 (5th Cir. 2001) indicó que las personas «sentenciadas a encarcelamiento no pueden establecer una demanda viable bajo (…) la Decimotercera Enmienda si el sistema penitenciario les exige trabajar». El asunto Mitchell v. San Jose Immigration & Customs Enforcement Dir., No. C 07-3843 SI (pr), 2007 WL 2746745, at *2 (N. D. Cal. Sept. 20, 2007) siguió la misma línea.

11. La autora considera que la dicción literal de dicha disposición constitucional apunta a que el supuesto excepcional es aplicable solamente a la servidumbre involuntaria, no a la esclavitud. A partir del análisis del texto de la sección 1 de la Decimotercera Enmienda sostiene que el supuesto excepcional debe aplicarse solamente a la servidumbre involuntaria. Para ello se apoya en la regla del «último antecedente» según la cual una disposición «debería interpretarse como modificando solamente el sustantivo o frase al que sigue inmediatamente», siempre que esta lectura no provoque incoherencias o resultados absurdos. Esta regla, por cierto, admite un supuesto excepcional conocido como la «*comma exception*». Consiste en aplicar el supuesto restrictivo a todos sus antecedentes siempre que la cláusula restrictiva se encuentre separada mediante comas de sus antecedentes. Pero, además, resulta imprescindible que sus antecedentes también se encuentren separados por comas, lo que en el caso concreto de la esclavitud y la servidumbre involuntaria no sucede, (Armstrong, 2012, pp. 872 y 873).

12. «La esclavitud no puede existir en los Estados Unidos (…) en cuanto a la servidumbre involuntaria, ésta puede existir en los Estados Unidos, pero solo puede existir legalmente como el castigo por un delito del que la parte debe haber sido debidamente condenada. Esa es la lectura adecuada de la Constitución», Robertson v. Baldwin, 165 U. S. 275, 293 (1897).

precisar que el *dissent* de Harlan en Robertson v. Baldwin carece de la fuerza persuasiva de un precedente y, por lo demás, no se ha visto secundado por decisiones posteriores.

A nuestro juicio, la *Punishment Clause* no debería concebirse como una disposición constitucional que excluye de su protección a un grupo de personas. Esta cláusula debería entenderse como un mandato que distingue conceptualmente entre dos situaciones: 1) las prácticas de servidumbre involuntaria o las prácticas esclavistas que deben considerarse contrarias al ordenamiento constitucional estadounidense en todos los casos; y, de otro lado, 2) las limitaciones de derechos que se impongan tras una condena válida por un delito y que, siempre que cumplan con determinadas exigencias formales y materiales, no se considerarán reñidas con la Decimotercera Enmienda. Desde el punto de vista formal, solamente aquellas medidas impuestas en una sentencia condenatoria que haya adquirido firmeza, en el marco de un proceso en el que se hayan respetado todas las garantías del debido proceso, podrían considerarse validas. No podrían justificarse medidas que excedan de la finalidad sancionadora que menciona expresamente la Cláusula, por lo que aquellas restricciones que obedezcan a fines distintos podrían cuestionarse (Pope, 2019, p. 1468). Consecuentemente, diversas medidas restrictivas a las que se someten a quienes se encuentren privados de su libertad y están sometidos a un proceso judicial para definir su responsabilidad penal resultarían ilegítimas, en la medida que no derivan de una sentencia judicial condenatoria, expedida tras un proceso regular.

Desde el punto de vista material, las limitaciones a la libertad que podrían justificarse a partir de la condena por un delito no deben asimilarse en gravedad y significado a la servidumbre involuntaria ni, menos aún, a la esclavitud. Aunque históricamente las medidas que imponen la obligación de trabajar a las personas condenadas por distintos delitos se han considerado legítimas, y se ha reconocido una amplia discrecionalidad a las autoridades penitenciarias en su gestión y control, no constituyen supuestos inmunes a la aplicación de la Decimotercera Enmienda. Por el contrario, esta cláusula representa un límite material ineludible para que este tipo de restricciones resulten constitucionalmente legítimas.

El régimen excepcional que se menciona expresamente podría estar referido a la admisibilidad de ciertas prácticas de trabajo legalmente impuesto siempre que se encuentre vinculado con una sentencia en la que se establezca la responsabilidad penal de la persona y se imponga esta particular sanción (Pope, 2019, p. 1468). Los fines a los que deben estar vinculadas estas restricciones, no deben ser otros que los que cumple la sanción penal en todo sistema constitucional, a saber, lograr la reinserción de las personas condenadas. Para la valoración de los trabajos que podrían ser impuestos a las personas condenadas por un delito sin duda también es preciso acudir a la Octava Enmienda que proscribe la imposición de castigos crueles e inusuales *Cruel and Unusual Punishment Clause* y cuyo análisis excede los objetivos de este trabajo.

2.2.3. LA SECCIÓN 2 DE LA DECIMOTERCERA ENMIENDA. LA *ENFORCEMENT CLAUSE*

La segunda sección de la Decimotercera Enmienda contiene la denominada *Enforcement Clause*, que constituye un elemento común a las tres enmiendas de la Reconstrucción. Esta cláusula reviste al Congreso de un poder —y un deber— para hacer cumplir o hacer valer cada una de las enmiendas mediante el dictado de legislación. Como ya hemos referido, con la inclusión de estas cláusulas en cada una de las tres enmiendas de la Reconstrucción se ha pretendido garantizar su eficacia, dotando al Congreso de unos «amplios poderes para proteger los derechos civiles», al punto de que se ha hecho referencia a que juntas configuran «el Poder de Reconstrucción del Congreso» (Balkin, 2010, p. 1805).

La *Enforcement Clause* de la Decimotercera Enmienda, por ser la primera en aprobarse y ratificarse, marcó un punto de inflexión en el federalismo en los Estados Unidos de América pues, como apunta Carter, «alteró la naturaleza de la relación entre los estados y el Gobierno federal». En esta línea se ha señalado que este precepto tuvo por finalidad establecer que sería el legislador nacional el que, en adelante, tendría el «rol primario de eliminar la esclavitud y sus efectos». Como consecuencia de esta nueva ordenación, el Gobierno federal adquiría una posición de «primacía» sobre los estados en garantizar la libertad de los afroamericanos y afroamericanas (Carter, 2021, p. 180). Así, a través de la sección 2 de la Enmienda el Congreso se erigió «como la primera línea de defensa de (los) valores constitucionales», adquiriendo «no solo el poder sino también la responsabilidad de proteger y hacer cumplir» la Enmienda (Balkin, Siegel, 2009, p. 94).

La revisión de los debates en el Congreso refleja la certeza existente entre los republicanos sobre el poder que conferiría al Congreso la sección 2. Esta potestad le permitiría adoptar legislación destinada a asegurar el ejercicio de diversos derechos civiles. Trumbull, cuya participación fue esencial para la aprobación de la enmienda y de las leyes que se dictaron tras su ratificación, se pronunció con total claridad sobre el potencial de esta disposición constitucional para cuestionar la legislación restrictiva de derechos civiles:

No tengo ninguna duda que, según esta disposición constitucional, podemos destruir todas esas discriminaciones en los derechos civiles contra el hombre negro, y si no podemos, nuestra enmienda constitucional no significará nada. Fue con este propósito que se adoptó la segunda cláusula de dicha enmienda, que dice que el Congreso tendrá autoridad, mediante legislación adecuada para poner en vigor el artículo que prohíbe la esclavitud (Tsesis, 2002, p. 574).

De hecho, como recuerda Tsesis, el principal reparo contra la Enmienda radicaba en el amplio poder que otorgaría al Congreso y a la posibilidad de aprobar leyes que reconozcan a los afroamericanos y afroamericanas el ejercicio de derechos civiles en igualdad de condiciones (Tsesis, 2004, p. 573). La sección 2 impone el deber de asegurar la inexistencia de prácticas de corte esclavista o que puedan encajar dentro de la definición de servidumbre involuntaria. Constituye una cláusula de garantía. El poder que emana de este mandato se ejerce a través del dictado de legislación orientada a desmontar las estructuras que hacen posible este tipo de prácticas y, en general, a implementar medidas necesarias para su erradicación. Estas medidas pueden ser de naturaleza preventiva, sancionadora y reparadora. Ciertamente, en cada momento histórico este deber cobrará una extensión peculiar, pues las graves amenazas a la libertad, igualdad y al ejercicio de los derechos fundamentales no son las mismas y el ordenamiento constitucional debe ser capaz de responder a fenómenos que atentan contra prácticas reñidas con los valores constitucionalmente garantizados.

Como posteriormente se analizará, la interpretación de la Corte Suprema sobre este *enforcement power* presente en las tres enmiendas de la Reconstrucción ha sido restrictiva y por ello el dictado de una ley tan importante como la Ley de Derechos Civiles de 1964 se justificó en la *Commerce Clause,* cuando lo lógico hubiera sido amparar su dictado en la *Enforcement Clause* de la Decimocuarta Enmienda en la que se recoge la Cláusula de Igualdad[13] .

La limitación de la *Enforcement Clause* de la Decimotercera Enmienda tuvo como punto de partida la sentencia dictada en The Civil Right Cases, 109 U. S. 3, 20 (1883), en el año 1883. En esta decisión, en la que se analizó

---

13. Según refiere Balkin, los abogados de las administraciones Kennedy y Johnson consideraron que la Cláusula de Comercio «era la ruta más segura» ya que existían «una serie de precedentes desde los años 1870s que habían limitado severamente el poder del Congreso de hacer efectivas las Enmiendas Decimotercera, Decimocuarta y Decimoquinta». En dicho panorama, «una decisión de la Corte Suprema invalidando la ley (de Derechos Civiles) hubiera sido devastador política y moralmente». (2010, pp. 1803 y 1804).

la constitucionalidad de la Ley de Derechos Civiles de 1875, el Supremo señaló que su dictado excedía el poder otorgado al Congreso en la sección 2 de la Decimotercera Enmienda. Aunque reconoció que esta enmienda no se limitaba simplemente a «liberar a los esclavos del control de sus dueños», y que su sección 2 otorga al Congreso capacidad para «dictar todas las leyes necesarias para la eliminación y prevención de la esclavitud», consideró que dicha legislación debía equipararse con lo que denominó *badges o incidents of the slavery*. El Tribunal Supremo consideró que esta expresión, que puede traducirse como «símbolos o incidentes de la esclavitud», hacía referencia al conjunto de restricciones legales a las que estaban sometidas las personas esclavizadas tales como el «servicio compulsivo del esclavo en beneficio de su dueño, la restricción en su capacidad de movimiento (…), su incapacidad de ser propietario, de celebrar contratos, de poder actuar ante una corte, de testificar contra un hombre blanco», y otras de similar calado.

A juicio del Alto Tribunal, la prohibición de discriminación racial en el acceso a diversos servicios e instalaciones abiertas al público como hoteles, parques y teatros, que contenía la ley enjuiciada, no podía ampararse en la sección 2. En su opinión dichas restricciones no podían calificarse como «incidentes inseparables de la institución de la esclavitud». Para apoyar su postura trazó una línea divisoria entre lo que denominó igualdad civil e igualdad social, una distinción recurrente en la etapa de la Reconstrucción. De acuerdo con esta visión, los derechos que denominó «fundamentales», y que estarían garantizados por la Decimotercera Enmienda, serían aquéllos «esenciales para la libertad civil». Por ejemplo, «el derecho a celebrar contratos, a demandar, a ser parte de un proceso, a presentar pruebas, a heredar, adquirir, arrendar, vender y transferir propiedad». Su denegación, puntualizó, «constituye la distinción esencial entre la libertad y la esclavitud». A diferencia de ello, los derechos sociales «de los hombres y de las razas en la comunidad» no podían defenderse bajo la Decimotercera Enmienda pues este precepto, sentenció, no atañe «a las distinciones de raza o clase, sino a la esclavitud».

De este modo, al catalogar las prácticas segregacionistas proscritas por la Ley de Derechos Civiles de 1875 como derechos sociales, «brindó a los estados y a las entidades privadas la libertad para aprobar leyes (…) excluyentes» (Tsesis, 2002, p. 582). Este tipo de normas y prácticas quedarían inmunes a la fuerza normativa de la Decimotercera Enmienda. Pese a que no se puso en cuestión la capacidad del Congreso de dictar leyes que prohíban la discriminación cuando proviene de agentes privados (debido a la ausencia del requisito de *state action* de la enmienda), su interpretación del poder que emana de la sección 2 desvirtuó la capacidad del Congreso de garantizar la eficacia de la citada cláusula. La «indiferencia» que mostró frente al impacto que producía la discriminación racial en el «disfrute de la libertad» garantizada a los afroamericanos y afroamericanas, brindó amparo normativo a diversas prácticas excluyentes implementadas en establecimientos privados que reproducían y reforzaban su estatus de inferioridad en la sociedad americana. Por ello bien puede decirse que no solo convalidó, sino que incentivó las conductas que la Enmienda tenía el potencial de erradicar (Tsesis, 2004, p. 31)[14].

De esta manera, la Corte reconoció el poder del Congreso de aprobar legislación que considere «necesaria y apropiada» para prevenir y combatir la esclavitud, así como sus vestigios, pero que al concretarse en el análisis de la ley en cuestión quedaba seriamente limitado: el Congreso podía legislar sobre actos «exclusivos de la esclavitud». Estos actos, que podían ser llevados a cabo por la autoridad (pública) o por actores privados, debían «encajar dentro de la definición reducida de los "símbolos o incidentes de la esclavitud"» (Rutherglen, 2008, p. 1390). La sección 2 de la Decimotercera Enmienda, por consiguiente, no podía brindar cobertura jurídica a una ley que prohibía las prácticas de segregación racial pues dichas prácticas no se consideraron comprendidas dentro de la definición de *badges* o *incidents of the slavery*.

La *dissenting opinion* redactada por el juez Harlan fue categórica al señalar que la esclavitud reposaba «en la inferioridad de la raza (esclavizada)» por lo que su liberación «necesariamente implica inmunidad y protección contra la discriminación (racial)». Según concluyó el juez Harlan, la sección 2 no se encuentra limitada a la aprobación de «legislación contra la esclavitud como una institución respaldada por el derecho positivo, sino que puede ejercerse hasta el punto (...) de proteger a la raza liberada de la esclavitud contra la discriminación».

Cabe indicar que la referencia a los «símbolos o incidentes» que introdujo la sentencia era recurrente en la etapa previa a la Guerra Civil. La expresión *badge of slavery* adquirió uso en el terreno legal tras el fin de la Guerra Civil. El vocablo *badge*, que puede ser traducido como símbolo, marca o distintivo, era utilizado para hacer alusión a las diversas formas a través de las cuales los gobernantes sureños y los ciudadanos blancos inten-

---

14. El juez Harlan escribió una *dissenting opinión* criticando la postura de la mayoría, por considerarla «hostil a la sustancia y el espíritu de la Decimotercera Enmienda». De acuerdo a su posición, la Sección 2 de la Enmienda autoriza al Congreso a dictar la legislación que considere apropiada para «proteger a las personas contra la privación, sobre la base de la raza, de cualquier derecho civil (...), y dicha legislación puede ser de carácter directo y primario, operando sobre los estados, sus funcionarios y agentes, y también sobre, por lo menos, los individuos y corporaciones que ejerciten funciones públicas y ejerzan poder y autoridad bajo un estado».

taban re-imponer sobre los esclavos liberados los «incidentes de la esclavitud». Es decir, se trataba de una expresión con la que se designaban las restricciones de derechos que pretendían «marcar (a los esclavos liberados) como una clase subordinada de ciudadanos» (Mason, 2012, pp. 577 y 578).

En los debates que tuvieron lugar para la aprobación de la Ley de Derechos Civiles de 1866, el senador Trumbull haría referencia a lo que entonces denominó *badges of servitude*, definiéndolos como «cualquier ley (…) que priva a cualquier ciudadano de los derechos civiles que están asegurados a cualquier ciudadano». La Ley propuesta, añadiría Trumbull, tendría por objeto prohibir los «incidentes de la esclavitud» como las leyes «que no permiten (a los negros) comprar o vender (…) celebrar contratos; (…) poseer propiedad; (…) defender sus derechos; (…) acceder a la educación». Como apunta Mason, en este contexto las expresiones *badge of servitude* e *incidents of slavery* fueron utilizadas de manera indistinta pues se les otorgó un significado equivalente (Mason, 2012, pp. 573, 574 y 578).

De esta manera, *badges of slavery* se convertiría en un término legal que sería utilizado en distintas decisiones judiciales para hacer referencia a las restricciones legales que fueron impuestas a los afroamericanos y afroamericanas tras su emancipación. Estas limitaciones legales (para adquirir propiedad, celebrar contratos, acceder a la educación, dar testimonio en juicio, etcétera), como ya se refirió anteriormente, adquirieron la denominación general de *black codes* por constituir restricciones recogidas en instrumentos jurídicos y dirigidas exclusivamente contra los ciudadanos afroamericanos con el objetivo concreto de mantener su estatus de clase subordinada.

Con la expresión *incidents of slavery*, por su parte, se hacía referencia a diversos aspectos del orden legal que se encontraban «intrínsecamente vinculados o que derivaban directamente de la institución de la esclavitud» (Mason, 2012, p. 571). Se trataba de una expresión que hacía alusión al conjunto de derechos que el propietario ejercía sobre sus esclavos, aunque también se usaba este término para designar, de manera genérica, las restricciones legales a las que estaban sometidas estas personas debido a su condición. En el conocido caso Prigg v. Pennsylvania, 41 U. S. 539 (1842), por ejemplo, el Supremo afirmó que «dado que la Cláusula del Esclavo Fugitivo de la Constitución contiene un reconocimiento positivo e incondicional del derecho del propietario sobre el esclavo (…) todos los incidentes a dicho derecho se unen también (a dicho reconocimiento)». Por ejemplo, continuó la sentencia, el derecho a recapturar a un esclavo constituye un «incidente principal del derecho de propiedad que es inherente a los propietarios de esclavos». En el mismo sentido, el Tribunal Supremo de Georgia, en Neal v. Farmer, 9 Ga. 555, 567 (1851), enmarcó las limitaciones que conllevaba la condición de esclavo como la «exigencia de que el esclavo obedezca las órdenes de su dueño o que se sujete a "golpizas, encarcelamiento y todo tipo de castigos" como un "incidente de la esclavitud"» (Mason, 2012, p. 571).

La expresión también fue mencionada durante los debates previos a la aprobación y ratificación de la Decimotercera Enmienda, y, como veremos, tenía un significado similar al atribuido a la expresión *badges of slavery*. El senador James Harlan de Iowa, por ejemplo, anotó que la Enmienda propuesta tendría por objeto abolir «no solo la esclavitud, también sus "incidentes necesarios"». Entre éstos se encontraban, según Harlan, «la prohibición de tener una relación conyugal (…) la incapacidad para adquirir y poseer propiedad», la privación del derecho de «actuar frente a los tribunales» y «del derecho a testificar», la «supresión de la libertad de expresión y de prensa», así como la «privación de la educación» (Mason, 2012, p. 573). Por su parte, el senador Lyman Trumbull de Illinois hizo alusión a los vestigios de servidumbre para designar las leyes cuyo objeto era privar «a cualquier ciudadano de (los) derechos civiles, que son garantizados a otros ciudadanos» (Kares, 1995, p. 376) y que, por tal razón, resultaban contrarias a la Constitución.

Como se ha podido apreciar, las expresiones *incidents of slavery* y *badges of slavery* apuntaban a las limitaciones impuestas sobre las personas liberadas de la esclavitud con el fin de mantener dicha condición y, más concretamente, eran categorías usadas para aludir a las restricciones impuestas sobre el ejercicio de los denominados derechos civiles. El Alto Tribunal optó por asumir que estas locuciones constituían la interpretación constitucionalmente válida sobre el *Enforcement Power* reconocido por la sección 2 de la Decimotercera Enmienda al Congreso. Pero al analizar las limitaciones que se cuestionaron en The Civil Right Cases a la luz de estos estándares, optó por una interpretación notablemente restringida de estos conceptos y ello conllevó una reducción del poder conferido por la *Enforcement Clause* de la sección 2 al Congreso.

El criterio restringido con el que el Supremo delineó la sección 2 de la Decimotercera Enmienda, se proyectó hacia la prohibición de esclavitud y de servidumbre involuntaria de su sección 1 en el conocido caso Plessy v. Fergusson, 163 U. S. 537 (1896). En este litigio se analizó si una Ley de Louisiana de 1809 que establecía que las compañías ferroviarias debían contar con vagones racialmente segregados era contraria al mandato de la Decimotercera Enmienda y a la Cláusula de Igualdad de la Decimocuarta Enmienda. El Tribunal Supremo rechazó ambos cuestionamientos. Sobre la compatibilidad de dicha ley con la Decimotercera Enmienda, que es el asunto que nos interesa abordar en este momento, observó que la citada cláusula había sido diseñada principalmente «para abolir la esclavitud tal y como había sido conocida en este país, y también (para prohibir) el peonaje mexicano y el comercio de *collies* chinos». La sentencia se apoyó en The Civil Rights Cases para defender una visión notablemente restringida sobre la sección 1. Recordó que en el citado caso se había concluido que la Enmienda era «insuficiente para proteger a la raza de color de ciertas leyes promulgadas en los estados sureños que imponen (esta raza) cargas e incapacidades onerosas y restringen sus derechos». En tal sentido, concluyó que una ley como la enjuiciada «implica simplemente una distinción legal entre las razas (…) y no tiene la capacidad de destruir la igualdad jurídica ni de restablecer un estado de servidumbre».

El precedente del caso The Civil Right Cases se mantuvo incólume hasta mediados del siglo XX cuando, en el año 1968, se dictó la sentencia del caso Jones v. Alfred H. Mayer Co., 392 U. S. 409 (1968). Recién entonces el Tribunal Supremo se apartó de la visión limitada con la que había delineado la sección 2 de la Decimotercera Enmienda en The Civil Rights Cases y que se había proyectado también sobre la sección 1 en el caso Plessy v. Fergusson. En Jones se cuestionó la negativa de una empresa inmobiliaria de vender una vivienda a una pareja interracial conformada por Barbara Jo y un afroamericano llamado Joseph Lee Jones. La empresa había rechazado estudiar su oferta informándoles que «la política general de la compañía era no vender casas a los negros». Los Jones iniciaron entonces un proceso alegando la violación de las Enmiendas Decimotercera y Decimocuarta de la Constitución, así como del Título II de la Ley de Derechos Civiles de 1964 y de la Ley de Derechos Civiles de 1866, cuya Sección 2 señalaba que «todos los ciudadanos de los Estados Unidos deben tener el mismo derecho, en cada estado y territorio, como el que disfrutan los ciudadanos blancos de heredar, vender, arrendar, vender, poseer y transportar propiedad real y personal».

Esta vez, el Supremo concluyó que la restricción que se cuestionaba sí encajaba dentro del concepto de «reliquia» de la esclavitud, un vocablo que introdujo en esta decisión y tendría un significado similar a los símbolos, incidentes y vestigios de la esclavitud utilizado en anteriores ocasiones. Advirtió la verdadera naturaleza de las prácticas discriminatorias que los afectados demandaron, poniendo de relieve su potencial para quebrantar la eficacia de la Decimotercera Enmienda. Con arreglo a esta perspectiva, sostuvo que las limitaciones para adquirir propiedad eran «un sustituto de los Códigos Negros» aprobados tras la ratificación de la Decimotercera Enmienda con la intención de asegurar la continuidad del sistema esclavista. Agregó, seguidamente, que «cuando la discriminación racial lleva a los hombres a vivir en guetos y hace que su habilidad para adquirir propiedad dependa del color de su piel, entonces esto también es una reliquia de la esclavitud». De este modo, el Alto Tribunal declaró que la prohibición de discriminación racial «privada, así como pública, en la venta o en el arrendamiento de propiedad» que recogía la Ley de Derechos Civiles constituía «un ejercicio válido del poder del Congreso de hacer cumplir la Decimotercera Enmienda».

La relevancia de Jones resulta innegable desde dos aristas. En primer lugar, liberó a la sección 2 de las restricciones que le impuso en The Civil Right Cases y lo hizo a través de una argumentación que despojó a la expresión *badges o incidentes of slavery* del significado limitado impuesto por dicha decisión. En segundo lugar, Jones reconoció al Congreso un amplio margen de libertad para interpretar el mandato que recoge la sección 2, un poder que, como refirió el Supremo, en adelante sería el propio Congreso el encargado de definir[15] : «el Congreso tiene el poder, bajo (…) la Decimotercera Enmienda, de determinar cuáles son los vestigios e incidentes de la esclavitud y la autoridad de trasladar dicha determinación en legislación efectiva».

Pero la interpretación de Jones tiene detractores. Existen posiciones, como la de Jennifer Mason McAward, que defienden que el Congreso carece de una amplia discrecionalidad para aprobar legislación con la finalidad de combatir los *badges* o *incidents* de la esclavitud. Estas leyes, según señala,

---

15. En decisiones posteriores la Corte ha venido convalidando la capacidad del Congreso de aprobar leyes contra la discriminación racial privada de conformidad con la sección 2 de la Decimotercera Enmienda. Por ejemplo, en Runyon v. MacCrary, 427 U. S. 160, 163 (1976) señaló que la sección 1981 de la Ley de Derechos Civiles prohibía a las escuelas privadas rechazar la admisión de alumnos por motivos raciales. En Tillman v. Wheaton-Haven Recreation Ass'n, 410 U. S. 431, 435-40 (1973), abordó un caso en el que se cuestionaba la política racista de un club de natación privado que no admitía ni como miembros, ni como invitados a personas afroamericanas. El juez Blackmun señaló que la afiliación al club estaba ligada a una zona geográfica reducida y que por ello las personas que vivían o adquirían una vivienda en dicha zona tenían una natural «expectativa» de ser admitidos en el centro de recreación. En Johnson v. Railway Express Agency, 421 U. S. 454, 459-461 (1975), un caso de discriminación en el empleo apoyó la aplicación de este estatuto de manera alternativa a la regulación contenida en el Título VII de la Ley de Derechos Civiles de 1964. Finalmente, en Patterson v. McLean Union, 491 U. S. at 171 la Corte estableció que la sección 1981 solo es aplicable a la discriminación racial que se produce durante la formación del contrato. Con la aprobación de la Ley de Derechos Civiles de 1981 (42 U. S. C. & 1981(b)) esta limitación quedó superada. Dicha ley cubre el proceso de «formación, desarrollo y modificación» de los contratos, así como su «terminación (…) y el disfrute de todos los beneficios, privilegios, términos y condiciones de la relación contractual». La proyección de la Ley, además, incluye las relaciones privadas y las violaciones de los derechos cometidas por los estados.

deben atender a la interpretación realizada por los tribunales y tener en cuenta, también los «límites del concepto según se ha entendido a través de la historia» (McAward, 2011, p. 64).

Una de las razones que esboza la autora citada para sustentar su posición se encuentra en la doctrina del Supremo relativa al *Enforcement power* que atribuye al Congreso la sección 5 de la Decimocuarta Enmienda en la que se incluye la Cláusula de Igualdad. Desde City of Boerne v. Flores 521 U. S. 507, 520 (1997) se ha defendido una interpretación restrictiva de dicho poder, al sostener que la legislación aprobada a la luz de esta Cláusula debe tener naturaleza reparadora, estableciendo que el ejercicio de dicho poder estaría sometido a un test de congruencia y proporcionalidad[16]. La interpretación de la *Enforcement Clause* de la Enmienda de la Abolición, según sostiene la autora, debería ser coherente con dicha interpretación.

Pero la postura de Mason tiene ciertas debilidades. En primer lugar, y como bien ha destacado Tsesis, los casos en los que el Supremo ha venido restringiendo la capacidad del Congreso de garantizar la eficacia de la Decimocuarta Enmienda son todos supuestos en los que se regulaba la acción estatal, a diferencia del caso Jones en el que se abordaba un caso de discriminación privada. Esta distinta naturaleza supone un obstáculo para deducir, sin más, la aplicación de la doctrina de una cláusula a la otra (2011, p. 54). Por otro lado, en los debates previos a la aprobación de la Enmienda de la Abolición es posible identificar referencias explícitas a los amplios poderes que otorgaría al Congreso su sección 2. De hecho, esta amplitud fue una de las razones que arguyeron quienes se opusieron a su aprobación. Este poder se tradujo en la aprobación de leyes destinadas a garantizar a las personas recién liberadas el ejercicio de derechos esenciales y a protegerlas contra la discriminación como la Ley de Derechos Civiles de 1866.

Es importante tener en cuenta que ambas enmiendas, aunque se gestaron en la misma etapa de la historia americana y poseen un vínculo innegable, tienen también sustantividad propia. Sostener que los criterios desarrollados en precedentes referidos a una de estas disposiciones deben aplicarse a la otra, supone desconocer la autonomía de cada una de ellas. Cualquier limitación que el Supremo pretenda implantar sobre el alcance

---

16.   En *City of Boerne v. Flores* se estableció que el *enforcement power* de la Decimocuarta Enmienda tendría por objeto el dictado de legislación de carácter reparador —*prophylactic legislation*— y que estas leyes tendrían que ser congruentes y proporcionales a las violaciones de los derechos protegidos por dicha legislación. El Congreso, tenía el poder de aprobar leyes para garantizar la Decimocuarta Enmienda, pero carecía del poder de definir los derechos protegidos en la Enmienda, ni podía determinar cuándo estos derechos resultaban vulnerados.

de la Decimotercera Enmienda tendría que ser establecida expresamente, en un caso en el que esta cláusula sea el parámetro de constitucionalidad.

Como se verá en el siguiendo apartado, el criterio de Jones no fue duradero pues decisiones posteriores redujeron, nuevamente, el poder reconocido al Congreso para dictar legislación destinada a velar por la efectividad de la Decimotercera Enmienda.

2.2.4. LA SECCIÓN 1 DE LA ENMIENDA DE LA ABOLICIÓN Y LA PROTECCIÓN CONTRA LOS SÍMBOLOS E INCIDENTES DE LA ESCLAVITUD

Como hemos señalado, la Enmienda de la Abolición no puede entenderse como un mandato limitado a la prohibición de la esclavitud tal y como se configuró en la Norma Fundamental original. Su contenido trasciende de su dicción literal y de los condicionamientos históricos que motivaron su aprobación y debe ser capaz de dar respuesta a fenómenos gravemente opresivos que comprometan la libertad, la igualdad y el ejercicio de los derechos constitucionalmente garantizados.

Por otro lado, la sección 2 atribuye al Congreso el poder y el deber de garantizar la eficacia del mandato que contiene la enmienda en su sección 1. Esta tarea requiere, lógicamente, concretizar las facultades y libertades que integren el *derecho* a no verse sometido a prácticas asimilables a la esclavitud o a la servidumbre involuntaria conforme prescribe la sección 1. Además del aspecto sustancial al que se acaba de hacer referencia, consideramos que la sección 2 conlleva implícito el deber de implementar mecanismos procesales dirigidos a asegurar el respeto del mandato enunciado en la sección 1. Ello supone el establecimiento de procesos jurisdiccionales cuyo diseño debe privilegiar la tutela de los derechos frente a las formalidades y cuyas características favorezcan dicha protección.

La categoría «incidentes, símbolos y vestigios» de la esclavitud suele asociarse con la sección 2 porque el legislador es el principal encargado de salvaguardar el respeto por la Enmienda, en virtud del mandato expreso que emana de esta sección. Aunque el desarrollo de dicha noción suele identificarse con la determinación del poder atribuido al Congreso, consideramos que constituye un concepto a través del cual se delimita el mandato que ordena la extinción de la esclavitud y de la servidumbre involuntaria que contiene la sección 1 (Pope, 2008, 486). Siendo la sección 2 una cláusula destinada a garantizar la eficacia de la Enmienda se puede concluir que su extensión solamente se puede precisar delimitando, previamente, el mandato que está destinada a salvaguardar. Llegar a una conclusión distinta carecería de toda lógica.

Como toda cláusula constitucional, la Decimotercera Enmienda vincula a todos los poderes públicos (y en este caso concreto a los particulares) y esta vinculación se ve reforzada por su carácter autoejecutable. Por lo tanto, la protección que deriva de la prohibición de verse sometido a «incidentes, símbolos y vestigios» de la esclavitud también debe ser garantizada por los órganos jurisdiccionales, aunque, como luego se comentará, no necesariamente tendrá la misma naturaleza o amplitud que cuando es ejercida por el legislador.

Las decisiones del Supremo dictadas tras el caso Jones han adoptado una posición restrictiva a este respecto. No solo han limitado el concepto de símbolos (o incidentes) de la esclavitud, sino que también han sostenido que éste se aplicaría solamente para definir el poder que otorga al Congreso la sección 2. Por lo tanto, la tutela frente a los símbolos e incidentes de la esclavitud y de la servidumbre involuntaria solo podría hacerse efectiva si una ley del Congreso así lo ha previsto. La revisión de las principales sentencias del Supremo vinculadas a este asunto permitirá advertir las consecuencias de esta postura.

En Palmer v. Thompson, 403 U. S. 217 (1971) se discutía el cierre de cinco piscinas públicas segregadas (cuatro usadas por ciudadanos blancos y una utilizada por ciudadanos afroamericanos) en Jackson, Mississippi. Las autoridades alegaron que el cierre estaba motivado en causas de orden económico, pero los demandantes tenían la certeza de que la renuencia a gestionarlas de manera integrada era la verdadera razón detrás del cierre. Solicitaban, por tanto, su reapertura y su funcionamiento bajo un régimen racialmente integrado amparando su demanda en las Enmiendas Decimotercera y Decimocuarta. La sentencia, redactada por el juez Black, rechazó que la decisión pueda considerarse un incidente de la esclavitud. Afirmó que llegar a dicha conclusión supondría «estirar severamente (las) breves y simples palabras (de la Decimotercera Enmienda) y violentar su historia». Pero también advirtió que, en ausencia de una Ley dictada por el Congreso bajo la cual sea posible exigir su reapertura, no era posible dictar una orden en dicho sentido. Dicha actuación, indicó, «le otorgaría un poder de legislar mucho más allá de la imaginación de los autores de la Enmienda». En tal sentido, recordó que «la sección 2 (de la Decimotercera Enmienda) señala que el Congreso tendrá el poder de hacer cumplir esta Enmienda a través de la legislación apropiada», añadiendo que el órgano legislativo «no ha aprobado ninguna ley (…) que regule la apertura o la clausura de las piscinas o instalaciones de recreación de la ciudad».

De este modo, la desestimación de la demanda se fundó en que el cierre no se consideró un incidente de la esclavitud, pero, sobre todo, en la inexistencia de una ley del Congreso que brinde respaldo a la reapertura solicitada. No se estimó que frente a decisiones que vulneren el mandato de la Enmienda (ya sea porque supongan la reinstauración de la esclavitud o de la servidumbre involuntaria, o porque puedan calificarse como símbolos, incidentes o reliquias de la esclavitud), la vinculación de todos los poderes públicos (incluidos los órganos jurisdiccionales) a la Norma Fundamental y el carácter autoejecutable de la Enmienda sean elementos que sustenten la intervención judicial para proteger los derechos de los ciudadanos y ciudadanas afectados.

En suma, la posición de la Corte delineó a la sección 1 como una Cláusula de proyección limitada pues, pese a su carácter autoejecutable, no alcanzaría una medida profundamente estigmatizante. Para el Tribunal, la protección contra medidas racialmente discriminatorias, como la que presentaba el caso, estaba condicionada al dictado de legislación al amparo de la sección 2 de la Enmienda. Esta decisión no solo dio la espalda a la visión garantista que impregnó el asunto Jones, sino que incorporó un elemento restrictivo adicional: los incidentes, símbolos o reliquias de la esclavitud requieren estar legalmente desarrollados para poder aplicarse, lo que en buena cuenta suponía ubicar su protección bajo el dominio exclusivo de la sección 2.

Una década después, en City of Memphis v. Greene, 451 U. S. 100 (1981), se presentó otra oportunidad para desgranar el contenido de la Sección 1 de la cláusula bajo estudio, pero tampoco en esta ocasión se aportó mayor claridad. En este caso, un grupo de ciudadanos afroamericanos cuestionó el cierre de una calle que separaba un barrio mayoritariamente «negro» de otro predominantemente «blanco» y, nuevamente, se alegó la vulneración de la Decimotercera Enmienda y también de la Cláusula de Igualdad de la Decimocuarta Enmienda. En lo relativo a la Decimotercera Enmienda la sentencia, en primer lugar, restó relevancia a la medida cuestionada aduciendo que el «inconveniente provocado por el cierre no (podía) equipararse con una restricción de la libertad (…) de los ciudadanos negros comparable (…) con la odiosa práctica que la Decimotercera Enmienda fue diseñada para erradicar». La separación entre los dos grupos raciales que provocaba la medida no podía calificarse como «una forma de estigma tan severo para violar (la Decimotercera Enmienda)».

Pero además el Supremo recordó que al amparo de la Sección 2 de la Enmienda «el Congreso ha adoptado legislación para abolir tanto las condiciones de servidumbre involuntaria (como) los vestigios y símbolos de la esclavitud» y que la situación carecería de solución al amparo de estas leyes.

Es curioso cómo en este caso el Alto Tribunal decide, de manera consciente y expresa, dejar abierta la pregunta acerca de la cobertura de la Sección 1. El Supremo empezó recordando que en Jones se «dejó abierta la pregunta acerca de si la Sección 1 de la Enmienda por sus propios términos hizo algo más que abolir la esclavitud», para inmediatamente añadir que «es apropiado dejar hoy dicha cuestión abierta porque la revisión de la justificación para la acción pública cuestionada (…) no podría, en ningún caso, ser correctamente caracterizado como un vestigio o símbolo de la esclavitud».

Es decir, según las decisiones revisadas la sección 1 de la Enmienda de la Abolición tiene como contenido mínimo la abolición de la esclavitud y la servidumbre involuntaria. Su naturaleza autoejecutable y su proyección a las relaciones entre privados (y frente al estado) no se discute, pero su potencial se ve seriamente mermado como consecuencia de la interpretación restringida que parece haberse impuesto en torno a su cobertura.

La segunda sección tendría mayor amplitud, pues permite combatir la esclavitud y la servidumbre involuntaria y también sus incidentes, vestigios y símbolos (aunque este concepto ha venido disminuyendo tras Jones). Pero la tutela frente a prácticas que puedan encuadrarse dentro de estas definiciones solo podría ser eficaz tras el dictado de legislación por el Congreso al amparo del *Enforcement Power*.

Este conjunto de decisiones ha originado una suerte de escisión entre las dos secciones de la Decimotercera Enmienda: frente al alcance material limitado que ha reconocido el Tribunal Supremo a la sección 1, el *Enforcement Power* que la Enmienda concede al Congreso en su sección 2 tendría una proyección más amplia, pudiendo abarcar el dictado de la legislación que dicho órgano legislativo considere «necesaria y apropiada» para abordar los incidentes, símbolos y vestigios de la esclavitud. Pero la protección de estos aspectos, como ya señalamos, depende de la actuación previa del legislador federal.

La escisión entre las dos secciones de la Enmienda a la que se viene haciendo referencia se aprecia con mayor nitidez en los pronunciamientos de los tribunales inferiores. Éstos han venido sosteniendo de manera explícita que el poder que tienen estos órganos jurisdiccionales de hacer cumplir con la Enmienda «está limitado a las condiciones de esclavitud literal o de servidumbre involuntaria u otras formas de trabajo coercitivo» (Carter, 2007, p. 1316)[17] (sección 1), mientras que el *Enforcement Power* del Congreso (sección 2) abarcaría los *badges o incidents* de la esclavitud y permite al legis-

---

17. Por ejemplo, en Alma Soc. y Inc. v. Mellon, 601 F.2d 1225 (2d Cir. 1979) el tribunal federal señaló que no era posible «crear nuevas categorías de símbolos de la esclavitud

lador nacional un amplio margen de intervención para combatir los vestigios de la esclavitud (Carter, 2007, p. 1315).

A nuestro juicio, resulta contradictorio afirmar que la expresión «vestigios, símbolos o incidentes» tenga por finalidad exclusiva delimitar el poder atribuido al Congreso en la sección 2, pero se sostenga que no puede ser invocada también para demarcar la tutela que ofrece su sección 1. Consideramos que la expresión «vestigios, símbolos o incidentes» de la esclavitud delimita el contenido de (toda) la cláusula constitucional, cuyo mandato primario reside en su sección 1. La sección 2, en tanto cláusula de garantía, se encuentra al servicio de la sección 1.

Ciertamente, esto no quiere decir que los aspectos que pueden ser tutelados en la vía judicial cuando se demanda la protección contra la imposición de «símbolos, incidentes o vestigios» de la esclavitud, sean los mismos sobre los cuales el legislador tiene capacidad de desplegar su poder normativo. La distinta naturaleza de la función jurisdiccional y de la función legislativa permitirá demarcar la extensión con la que cada órgano podrá tutelar a las personas frente a situaciones, prácticas o disposiciones que constituyan su imposición.

Frente al criterio restringido con el que el Tribunal Supremo ha interpretado la protección que emana de la Decimotercera Enmienda, un sector importante de la doctrina ha mostrado un alto grado de optimismo. Se ha sostenido que esta enmienda podría aplicarse a casos de violaciones de los derechos reproductivos de las mujeres y a casos de explotación sexual. También se ha defendido que permitiría cuestionar los casos de abuso de menores (Greene Jamal, 2012, pp. 1739 y ss.); e, incluso, que podría ser una fuente para la sanción de determinados tipos de discurso de odio (Tsesis, 2002).

La búsqueda de una vía alternativa a la Decimocuarta Enmienda, en la que se consagra la Cláusula de Igualdad para enfrentar la discriminación tiene una explicación bastante evidente. La Decimotercera Enmienda no cuenta con la limitación que supone la *state action* que sí está presente en la Decimocuarta Enmienda, por lo que puede abarcar un abanico más amplio de situaciones. En lo atinente a la discriminación por impacto dispar o discriminación indirecta la Decimotercera Enmienda también podría ser de gran utilidad, pues el Supremo ha entendido que la discriminación indi-

---

a pedido de demandantes civiles» pues entendió que estos deberían contemplarse legalmente para que puedan ser invocados y protegidos judicialmente. En similar sentido se pronunciaron los respectivos tribunales federales en NAACP v. Hunt, 891 F.2d 1555, 1564 (11th Cir. 1990) y en Atta v. Sun Co., 596 F. Supp. 103 (E. D. Pa. 1984).

recta, bajo la Cláusula de Igualdad de la Decimocuarta Enmienda, debe cumplir con el requisito de intención de discriminar. El recurso a la Decimotercera Enmienda, por tanto, permitiría superar este obstáculo que limita seriamente la posibilidad de cuestionar actos y leyes de fisonomía neutra, pero cuyos efectos perjudican a colectivos desfavorecidos (Carter, 2007, p. 1329. El carácter autoejecutable de la Decimotercera Enmienda, por otro lado, podría facilitar la lucha contra diversas formas de opresión que, de otra manera, estarían condicionadas a la actuación del órgano legislativo.

De otro lado, conviene destacar la relevancia que podría cobrar la Decimotercera Enmienda frente a la postura del Supremo que ha venido disminuyendo, paulatinamente, la capacidad del Congreso de dictar legislación antidiscriminatoria bajo la Cláusula de Comercio y de la *Enforcement Clause* de la Decimocuarta Enmienda, contenida en su sección 5 (Tsesis, 2004, p. 44)[18].

El recurso a la Cláusula de Comercio Interestatal cuyo uso hacia la década de los noventas estaba virtualmente consolidado y permitía convalidar la aprobación de legislación antidiscriminatoria, se ha debilitado debido a una serie de decisiones han venido reduciendo el campo de acción del Congreso y han puesto en evidencia la necesidad de buscar caminos alternativos (Tsesis, 2004, p. 48). Casos como Kimel v. Florida Board of Regents, 528 U. S. 62, 86 (2000), United States v. Morrison, 529 U. S. 598, 617 (2000), City of Boerne v. Flores, 521 U. S. 507, 532 (1997) o United States v. Lopez, 514 U. S. 549, 561-63 (1995) se inscriben en esta tendencia. A través del *congruency test*, se han venido invalidando leyes que protegían derechos civiles al considerarse que no regulaban, de manera congruente y proporcionada, una conducta o conductas con un efecto sustancial en la economía nacional (Tsesis, 2006, p. 1775). Del mismo modo se ha procedido en relación con el poder del Congreso para aprobar leyes para hacer cumplir —*to enforce*— el derecho al debido proceso y la *Equal Protection Clause* de la Decimocuarta Enmienda (Tsesis, 2006, p. 1775)[19].

Frente a este panorama, las posibilidades que ofrece la *Enforcement Clause* de la Enmienda de la Abolición cobran mayor relevancia, no solo

---

18. Kimel, Morrison y Boerne comparten el ser decisiones que restringen seriamente el poder del Congreso para aprobar legislación antidiscriminatoria bajo la Cláusula de Comercio y de la Sección 5 de la Decimocuarta Enmienda en la que se reconoce el *Enforcement Power* de esta disposición.

19. La decisión que da inicio a este proceso es City of Boerne v. Flores. Para un análisis en profundidad acerca de las consecuencias de esta sentencia recomendamos revisar Ahumada (1998). La Corte reiteró el mensaje en United States v. Morrison en donde consideró que el Congreso sobrepasó el poder que le otorga la *Enforcement Clause* de la Decimocuarta Enmienda.

porque ofrece potencial un interpretativo enorme, sino porque, además, no ha sido sometida al tipo de restricciones que sí han operado sobre la Decimocuarta Enmienda[20].

Pese a lo señalado, entendemos que la Decimotercera Enmienda no puede ser utilizada para combatir cualquier forma de discriminación, al punto de que su ámbito de protección y el de la Decimocuarta Enmienda se superpongan y pierdan sustantividad. Pero ello tampoco puede llevarnos a afirmar, como algunos señalan, que esta cláusula constituya una herramienta limitada solamente a combatir la esclavitud tradicional y la servidumbre, tal y como dichas instituciones eran concebidas al tiempo de su aprobación. Carter, por ejemplo, ha señalado que esta cláusula constitucional no puede constituir «un remedio constitucional generalizado» que pueda ser invocado «sin analizar si dicha práctica o condición (...) tiene una conexión real con la institución de la esclavitud tradicional» (2007, p. 1316). A nuestro juicio la interpretación que defiende este autor no es admisible pues vaciaría de contenido el mandato de la Enmienda, al condicionar su eficacia si se demuestra un vínculo con la esclavitud tradicional. La Enmienda de la abolición constituye una disposición constitucional que constituye una pieza importante del Derecho Antidiscriminatorio estadounidense y que, en gran medida, expresa el compromiso de este ordenamiento por garantizar la libertad y la igualdad.

2.3. LAS PRIMERAS MEDIDAS ADOPTADAS AL AMPARO DE LA DECIMOTERCERA ENMIENDA: LA LEY DE DERECHOS CIVILES DE 1866 Y LA CREACIÓN DE LA *FREEDMEN'S BUREAU*

Como ya se ha señalado, la sección 2 de la Enmienda de la Abolición dotó al Congreso de un poder para adoptar leyes y medidas dirigidas a hacer efectiva la erradicación de la esclavitud. Una de las primeras medidas adoptadas al amparo de este poder fue la Ley de Derechos Civiles de 1866. Su aprobación tuvo la finalidad de guiar el proceso de «transición» hacia la libertad de las personas manumitidas por dicha cláusula y, sobre todo, aplacar los efectos de las medidas a través de las cuales los estados sureños intentaban mantener el dominio absoluto sobre los afroamericanos y afroamericanas (Hope, 1990, pp. 1135-1148). La inoperancia de la citada

---

20. Precisamente, el potencial de la Enmienda de la Abolición puede ser la razón de la disminución de su cobertura. Así lo consideran Balkin y Levinson que han señalado que «tal vez la razón (...) del rechazo de la Decimotercera Enmienda, (...), es que lejos de ser poco útil para los intereses de los grupos y para la movilización social, es al mismo tiempo *demasiado* útil». La Enmienda «tiene un alcance tan potencialmente amplio que podría justificar una transformación verdaderamente radical del orden social y político de América», (Balkin y Levinson, 2012, p. 12).

enmienda tenía lugar a partir de la fusión de diversos elementos como los obstáculos legales para ejercer derechos básicos, las leyes estatales que tipificaron los conocidos *black codes*, y también a través de «la colusión privada y la violencia directa dirigida contra los esclavos liberados» (Oman, 2009, p. 2063). Esto evidenció que sería virtualmente imposible garantizar su cumplimiento sin atacar el conjunto de prácticas que conspiraban contra su mandato.

La iniciativa estuvo a cargo del senador Lyman Trumbull, de Illinois, quien defendió la necesidad de su aprobación señalando que los principios consagrados en la Decimotercera Enmienda perderían significado «a menos que las personas afectadas (…) cuenten con medios legales para asegurar su beneficio». En tal sentido, consideró que era crucial garantizar el ejercicio de ciertos derechos básicos para culminar el «proyecto de la emancipación». En su opinión resultaba «inútil decir que un hombre es libre si no puede ir y venir a voluntad, si no puede comprar y vender y si no puede garantizar el respeto de estos derechos. Estos son derechos que la primera sección de la Decimotercera Enmienda quiso garantizar del todo» (Schmidt, 2022, p. 733).

En el mismo sentido, el senador Jacob Howard apuntó a que los efectos de la Enmienda serían insuficientes si esta cláusula se limitaba «simplemente liberar a los esclavos de la obligación de prestar sus servicios a su dueño». Howard dio cuenta de la privación absoluta de derechos que estaba aunada a la esclavitud para demostrar que la eficacia de la abolición requería, necesariamente, la adopción de medidas en diversos ámbitos. El esclavo, recordó, no tiene derechos, ni nada que pueda llamar suyo. No tiene el derecho a convertirse en esposo o padre a los ojos de la ley, no tiene hijos (…). No posee propiedad porque la ley se lo prohíbe. No puede adquirir propiedad real o personal por compra, por concesión ni por herencia. No es dueño del pan que gana y come. Se encuentra completamente aislado de la sociedad en la que se encuentra. (Zietlow, 2010, p. 279).

Frente a este estado de absoluta desprotección, la ley reconoció la ciudadanía a todas las personas nacidas en los Estados Unidos «de cualquier raza y color, sin perjuicio de cualquier condición de esclavitud o servidumbre involuntaria previa», disponiendo que tendrían:

el mismo derecho, en cada estado y territorio en los Estados Unidos para celebrar y hacer cumplir contratos, entablar juicios, para ser partes y prestar testimonio, para heredar, para comprar, arrendar, vender y transmitir bienes muebles e inmuebles y para beneficiarse plena e igualmente de todas las leyes y procedimientos para garantizar la seguridad de las personas tal y como la disfrutan los ciudadanos blancos y estarán sometidas a los mismos castigos, sanciones y penalidades[21].

Cabe indicar que la aprobación de esta ley provocó severos cuestionamientos por considerarse que la sección 2 de la Enmienda de la Abolición no otorgaba respaldo jurídico para su aprobación. Esto ha llevado a diversos autores, entre ellos Wolfe, a sostener que la sección 1 de la Decimocuarta Enmienda, de la que forma parte la Cláusula de Igualdad, tuvo por finalidad central «constitucionalizar» la Ley de Derechos Civiles de 1866» (Wolfe, 1986, p. 139) (tenBroek, 1965, p. 201) (Berger, 1977, pp. 22 y 23) (Schnapper, 1985, p. 785) (Sunstein, 2004, p. 1658) (Graber, 2016, p. 1361). Este hecho se vio confirmado cuando, tras cuatro años de vigencia, la ley se volvió a promulgar bajo la autoridad de la Decimocuarta Enmienda.

Por su parte, la Oficina de los Libertos —*Freedmen Bureau*— como se conoce a este instituto, ha sido calificada por Du Bois como «uno de los intentos más singulares e interesantes que haya realizado jamás una gran nación para tratar de resolver graves problemas raciales y de condición social» (2020, p. 18). Sus orígenes se remontan a los incipientes esfuerzos en brindar asistencia a los miles de fugitivos que se fueron uniendo a las filas del ejército durante la Guerra de Secesión. Para afrontar esta realidad, se fueron organizando centros de libertos en diferentes ciudades como Monroe, Nueva Orleans, Vicksburg, Washington y otras ciudades. Estos centros, inicialmente en manos del Ministerio de Hacienda, pasaron después al control del Ejército.

Las sociedades de ayuda a los libertos, que empiezan a surgir en esta misma etapa, también jugaron un rol importante en asistir las necesidades básicas de los emancipados. Entre éstas destacaron la *American Missionary Association*, y otras de carácter eclesiástico como la *National Freedmen's Relief Association*, la *American Freedmen's Union* o la *Western Freedmen's Aid Commission* (Du Bois W. E. B., 2020, p. 20). Estas asociaciones de los estados del Norte dedicadas a brindar asistencia a los hombres y mujeres recién liberados de la esclavitud subrayaron la necesidad de crear una entidad dedicada a la brindar auxilio y cubrir las necesidades básicas de los libertos en la etapa de tránsito entre la esclavitud y su recién adquirida manumisión (Rogowski, 2018, p. 2).

Los miembros del Partido Republicano en el Congreso de los Estados Unidos hicieron suyo este reclamo que, por otro parte, también constituía

---

21.　La Ley, además, tipificó como un delito federal la privación de los derechos reconocidos en su articulado. Cabe indicar que su aprobación se enfrentó al veto del presidente Andrew Johnson que cuestionó ferozmente su constitucionalidad.

una suerte de «estrategia» para fortalecer su posición política. Esta fue una de críticas lanzadas contra esta iniciativa desde las filas del partido Demócrata, cuyos miembros calificaron la creación de la agencia como «la maquinaria electoral más poderosa a lo largo del Sur» del partido Republicano (Rogowski, 2018, p. 7). Pero esta objeción, como veremos, no fue la única.

El primer proyecto relativo a este asunto fue presentado por el congresista Thomas Eliot, en el año 1863, y se debatió a lo largo del año 1864. La iniciativa proponía la creación de una agencia —*Bureau of Emancipation*—, después denominada *Bureau of Freedmen's Affairs*, destinada a ofrecer «asistencia especial (…) a los negros» (Schnapper, 1985, p. 755). De acuerdo con el proyecto, la entidad estaría a cargo de vigilar el cumplimiento de la legislación destinada a los afroamericanos. En este sentido, se haría cargo de asesorarlos en la celebración y cumplimiento de sus contratos, especialmente en sus contratos de trabajo, en los litigios que tuvieran que enfrentar y en el alquiler de los bienes inmuebles confederados abandonados en poder del Gobierno de los Estados Unidos. El proyecto preveía que los beneficiarios de este programa serían «las personas de descendencia africana» (la versión del Senado precisó que serían «aquellas personas que alguna vez han sido esclavas») y que se encontrasen en los estados rebeldes (Schnapper, 1985, p. 756).

Quienes se oponían a esta iniciativa denunciaban que sus destinatarios exclusivos eran las personas afroamericanas, lo que, desde su perspectiva, suponía una «política general de trato preferente a favor de los negros» (Schnapper, 1985, p. 758). Así, por ejemplo, el congresista Knapp criticaba la injusticia de esta legislación que solo alcanzaba a los afroamericanos recién liberados y que no se hacía extensiva a los blancos en situación de indigencia: «me pregunto por qué no apoyar a todos los hombres mutilados, a las miles y decenas de miles de viudas, y al número aún mayor de huérfanos dejados sin el amparo de su padre? (…) Si este proyecto se va a fundar en la caridad, pido que la caridad empiece por casa» (Schnapper, 1985, pp. 756 y 757).

Por su parte, quienes defendían la creación de una agencia de esta naturaleza argumentaban que era imprescindible para «superar los efectos de maltrato a los negros en el pasado» y para ayudarlos a ser autosuficientes. El senador Sumner, citando las palabras del secretario de guerra Stanton, justificó su necesidad en la posición de vulnerabilidad causada por el estado de esclavitud prolongada al que habían estado sometidos. Su aprobación se explicaba «no porque estas personas son negras, sino porque son hombres que han estado por generaciones privados de sus derechos». Esta preocupación por compensar y revertir el estado de desventaja profunda en el que se encontraba este colectivo también inspiró al congresista Eliot. Para este congresista, estas medidas constituían una exigencia derivada del estado de sometimiento al que habían estado expuestas las personas esclavizadas. Esta situación demandaba brindarles la ayuda necesaria para que logren ser autosuficientes: «después de una vida de servidumbre, heredada de sus ancestros esclavos (…) estos hombres libres (…) tienen (…) el derecho a ganarse (…) su propia subsistencia» (Schnapper, 1985, p. 758).

La propuesta inicial no fue aprobada y, en su lugar, se estudió la propuesta alternativa presentada por el congresista Schenck que, con algunas modificaciones, dio lugar a la *Bureau of Refugees, Freedmen and Abandoned Lands*, aprobada en el mes de marzo de 1865. Según las previsiones de esta ley federal, la entidad, adscrita al Departamento de Guerra, ejercería sus funciones por el breve período de un año después del «fin de las hostilidades». Su representante, el *Commissioner*, tenía la capacidad de «controlar todos los aspectos relacionados con los refugiados y los hombres libres». Entre estas facultades se detallaba, de manera explícita, la posibilidad de alquilar «hasta cuarenta acres de tierras abandonadas a cualquier refugiado o hombre libre» por un período de tres años, luego del cual estas tierras podrían ser adquiridas por un valor previamente pactado. También se contemplaba la obligación de facilitarles «provisiones, vestimenta y combustible», así como alojamiento y refugio temporal en caso de ser necesario (Backman, 2023, p. 844).

Aunque en este cuerpo normativo no se recogían de manera expresa todas las facultades contempladas en el proyecto del año 1864 en la práctica asumió una diversidad de funciones tal y como lo había previsto en dicho proyecto. Dicha actividad se dirigió casi exclusivamente a los afroamericanos y afroamericanas. La agencia implementó programas educativos, brindó asistencia sanitaria y supervisó la administración de justicia cuando la población emancipada estaba siendo sujeta a juicio. Además de dedicarse al registro de matrimonios y brindar apoyo a los huérfanos, se abocó a la distribución de tierras y granjas agrícolas, así como a la resolución de conflictos por la posesión de bienes inmuebles. Constituyó, en suma, un verdadero programa social —el primero en la historia de los Estados Unidos de América—, cuyos beneficiarios eran exclusivamente los afroamericanos.

En diciembre de 1865 el senador Trumbull presentó un proyecto de ley con el objeto de aprobar una segunda ley reguladora del *Freedmen's Bureau*. Este ambicioso proyecto, conocido como el *Freedmen's Bureau Bill* o *Senate Bill 60* (también se suele hacer referencia a éste como S.60), constituía una regulación complementaria a la Ley de Derechos Civiles de 1866 y cuyo dictado también se amparaba en la Sección 2 de la Decimotercera Enmienda.

Proponía la continuación de las actividades de la agencia «a los refugiados y libertos en todas las partes de los Estados Unidos de América», y pretendía, además, expandir su aparato administrativo, garantizando su presencia mediante la designación de representantes en todos los condados del país. Desde el punto de vista económico, buscaba dotar al Congreso de los fondos necesarios para la construcción de escuelas para los libertos y refugiados. La propuesta, adicionalmente, contemplaba la reserva de hasta tres millones de acres de tierras públicas que serían arrendadas y posteriormente vendidas a los refugiados y libertos en parcelas individuales con áreas de hasta cuarenta acres. Asimismo, se garantizaría que los afroamericanos en posesión de tierras en el Sur puedan mantener dicha posesión por tres años adicionales (Schnapper, 1985, p. 762). Para Trumbull, el conjunto de medidas que supondría la aprobación de su iniciativa tenía encaje pleno en la sección 2 de la Enmienda de la Abolición. En este sentido señaló:

¿Cuál fue el objeto de la enmienda que abolió la esclavitud? No era (…) simplemente quitarle al amo el poder sobre su esclavo. (…) la enmienda suprime absolutamente todas las disposiciones estatales y locales que convierten a un hombre en esclavo. (…) A la destrucción de la esclavitud le sigue necesariamente la destrucción de los incidentes de la esclavitud. Cuando se abolió la esclavitud los códigos esclavos que la sostenían también se abolieron. Esas leyes impedían al hombre de color salir de casa, comprar, vender o celebrar contratos, poseer propiedad, hacer valer sus derechos, recibir educación. Todos estos (impedimentos) fueron símbolos de la esclavitud, hechos en interés de la esclavitud y como parte de la esclavitud (Lash, 2018, p. 1407).

La sección 7 de la iniciativa presentada por Trumbull contenía una cláusula antidiscriminatoria de gran magnitud pues abarcaba actores públicos y privados al señalar que se podría cuestionar actos originados en «cualquier ley estatal o local, ordenanza (…) u otra regulación, costumbre o prejuicio». El colectivo protegido estaba conformado, principalmente, por personas liberadas de la esclavitud lo que incluía a «negros, mulatos, hombres libres, refugiados o a cualquier otra persona sobre la base de su raza, color o cualquier condición previa esclavitud o de servidumbre involuntaria». Esta disposición extendió la jurisdicción de la agencia sobre las áreas en las que el funcionamiento regular de los órganos jurisdiccionales se hubiera visto interrumpido y en donde:

Cualquiera de los derechos civiles e inmunidades pertenecientes a las personas blancas, incluyendo el derecho a suscribir y hacer cumplir contratos, entablar un juicio, ser parte en un proceso, dar evidencia, heredar, comprar, arrendar, poseer y enajenar bienes inmuebles y propiedad personal y a beneficiarse plena e igualitariamente de todas las leyes y procedimientos para la seguridad de las personas (…) incluyendo el derecho constitucional a portar armas, sean negados (…) a los negros, mulatos, hombres libres, refugiados o a cualquier otra persona sobre la base de su raza, color o cualquier condición previa esclavitud o de servidumbre involuntaria, o (…) sean sometidos a distintos castigos (…) o penalidades por la comisión de cualquier acto u ofensa, que los prescritos para las personas blancas cometiendo actos u ofensas similares (Graber, 2016, p. 1386).

Las objeciones a este proyecto, una vez más, se alzaron firmemente contra lo que se consideraba «una distinción sobre la base del color entre las dos razas»[22] o una «legislación de clase»[23]:

El Congreso (…) nunca ha fundado escuelas para ninguna clase de nuestro propio pueblo, ni siquiera para los huérfanos de aquéllos que han muerto en defensa de la Unión (…). Nunca se ha (…) autorizado gastar el dinero público para el arrendamiento o comercialización de hogares para los miles, por no decir millones, de la raza blanca que están luchando honestamente día a día por su subsistencia. Un sistema para el apoyo de las personas indigentes en los Estados Unidos nunca fue contemplado por los autores de la Constitución, ni puede formularse cualquier razón por la cual, como una cuestión permanente, ésta debería fundarse a favor de una clase o color (…) más que para otra (Schnapper, 1985, p. 769).

También se afirmó que el proyecto podría «perjudicar a los negros ya sea incrementando su dependencia o provocando el resentimiento de los blancos» (Schnapper, 1985, p. 764). El *Senate Bill 60* fue vetado por el presidente Johnson, que mostró observaciones en tres líneas. La primera objeción que planteó frente a la creación de la agencia criticó lo que consideraba la adopción de un programa social de gran envergadura por su carácter marcadamente prestacional. En segundo lugar, formuló una discrepancia de carácter federal arguyendo que el proyecto de ley constituía una intromisión del Gobierno federal pues los asuntos que se pretendían regular debían ser resueltos por los estados. Por último, el documento rechazó las medidas contempladas en el proyecto por considerarlas un trato especial a favor de un grupo. Hay que indicar que el veto de Johnson a este proyecto supuso un punto de quiebre en la relación entre el partido Republicano y el presidente; y el veto al proyecto para la aprobación de la Ley de Derechos Civiles

---

22. Esta fue la expresión utilizada por el senador Willey para hacer referencia al proyecto en discusión (Schnapper, 1985, p. 763).
23. Esta fue la expression utilizada por el congresista Taylor para referirse al proyecto (Schnapper, 1985, p. 763).

de 1866, que tuvo lugar unos pocos meses después, constituyó su fractura definitiva.

El Congreso insistiría en la aprobación de una nueva ley para regular el *Freedmen's Bureau* a través de un nuevo proyecto. En esta iniciativa, *H. R. 613*, del mes de mayo de 1866, se estableció expresamente que las actividades de la agencia se prolongarían solo por dos años adicionales (Schnapper, 1985, p. 772). La reserva de tierras públicas del Gobierno federal a favor de los refugiados y libertos, contemplada en el proyecto vetado, fue excluida, pero se garantizó que la posesión de tierras por los afroamericanos en virtud de la *Special Field Order No. 15*, dictada el 16 de enero de 1865, sí estaría garantizada. Finalmente, se optó por una dicción algo más neutra prohibiendo la discriminación sobre la base de la «raza o el color o la previa condición de esclavitud», en contraste con el proyecto S. 60 que incluía a «negros, mulatos, libertos y refugiados», en un intento de aplacar las acusaciones que se vertían por su supuesta preferencia hacia los afroamericanos.

Como apunta Schnapper, pese a las renuncias obligadas, esta iniciativa contenía disposiciones que ponían en mayor evidencia que se trataba de una medida legislativa diseñada específicamente para proteger a los afroamericanos, a quienes brindaba «especial auxilio y protección». Este aspecto despertó las críticas más agudas entre sus detractores que denunciaban que brindaba un «trato especial» a los afroamericanos, calificándola como una «legislación de clase». La obligación del Congreso, según el congresista LeBlond, se limitaba a «dejar a las personas de color en libertad (…) para ganarse la vida de la misma manera que lo hacen los blancos pobres» (Schnapper, 1985, p. 774). El veto de Johnson sobre este nuevo proyecto, reiterando las razones defendidas en el anterior veto, logró ser superado.

Así, mientras que la Ley de Derechos Civiles de 1866 reconoció a los afroamericanos derechos que les permitirían ejercer una verdadera ciudadanía, la *Freedman's Bureau*, en su lugar, les garantizó el acceso a «bienes y servicios que necesitaban para hacer la transición desde la esclavitud hasta la plena ciudadanía americana y para evitar que caigan en un estado de indigencia permanente» (Graber, 2016, p. 1362). Esta asistencia básica prestada por la agencia bien puede calificarse como un presupuesto necesario para el ejercicio de la ciudadanía contemplada por las enmiendas de la reconstrucción.

Frente a la visión negativa que impregna la Constitución de los Estados Unidos, tradicionalmente entendida como «una carta de libertades negativas» en vista de que concibe los derechos constitucionales «como restricciones al Gobierno federal o al poder de los estados», la implementación de la *Freedman's Bureau* incorporó la protección de necesidades básicas cuya naturaleza prestacional difícilmente pueden definirse desde una perspectiva negativa. Se puede señalar, por tanto, que el diseño de esta agencia descansaba en la premisa de que «un nivel mínimo de seguridad económica y de educación son condiciones centrales de la libertad y de la ciudadanía plena» (Graber, 2016, p. 1364).

Sus principales logros se dieron en el campo educativo, pues creó varios miles de centros educativos que, aunque rudimentarios, permitieron a los afroamericanos que se beneficiaron de este servicio salir del analfabetismo. En el campo laboral, por otro lado, la agencia también desplegó una actividad de gran relevancia, asesorando a los afroamericanos en la firma de sus contratos de trabajo que solían otorgar una posición favorable al empleador dando lugar a situaciones equiparables a la esclavitud.

Por otro lado, las objeciones contra estas medidas posteriormente se convertirían en poderosos argumentos contra las medidas *race conscious* y, concretamente, contra las acciones afirmativas. Las críticas que despertaron las medidas de asistencia, asesoramiento y también las que pretendían proteger a los afroamericanos contra la discriminación son muy similares a las que se levantan hoy contra las medidas *race conscious como* las acciones afirmativas.

El Congreso adoptó diversas medidas destinadas a los afroamericanos y afroamericanas porque era consciente del estado de grave vulnerabilidad e indefensión al que estaban expuestos tras su liberación. Estas medidas se promovieron bajo la premisa de que el Gobierno tenía la obligación de compensar y reparar a este grupo social vulnerable por las graves secuelas derivadas de su prolongada esclavización. En suma, se consideraba que la libertad que prometía erradicar la Decimotercera Enmienda no sería posible sin la intervención estatal dirigida a garantizar la satisfacción de necesidad básicas a la población manumitida y sin poner a su servicio instrumentos legales destinados a combatir la discriminación.

2.4. LA EMERGENCIA DEL DENOMINADO PEONAJE NEGRO

La emancipación que se produjo en virtud de la Decimotercera Enmienda supuso para más de cuatro millones de esclavos el reconocimiento de su libertad en medio de una economía colapsada por la Guerra Civil. La esclavitud no solo representó un «mecanismo formal para mantener la jerarquía racial y evitar la amalgamación con un grupo de personas consideradas intrínsecamente inferiores» (Birckhead, 2015, p. 1611), sino que además se había convertido en una institución fundamental para la economía americana ya que proveía de mano de obra a las principales actividades económicas del país. Los estados sureños, dependientes en gran medida de la mano de obra esclava, no estaban dispuestos a renunciar al usufructo ilimitado de esta fuerza laboral ni, menos aún, aceptarían a los afroamericanos como ciudadanos y ciudadanas con iguales derechos.

En este contexto, los *black codes* pueden definirse como el «primer experimento» (Bumiller, 1988, p. 43) de los estados sureños para mantener la esencia de la esclavitud mediante el uso de figuras jurídicas que les conferían un ropaje de legalidad. Estas leyes estatales imponían serias restricciones a los afroamericanos emulando la estructura de dominación social y económica creada por la odiosa institución[24]. Su extensión variaba de estado a estado, siendo las limitaciones más comunes la imposibilidad de adquirir tierras, de heredar, transferir propiedad, votar, contratar válidamente y de actuar en juicio, entre otras (Wolfe, 1986, p. 121).

Una parte importante de las disposiciones que contenían los *black codes* consistía en regulación de naturaleza penal. Era frecuente la imposición de penas diferenciadas que eran más severas cuando los delitos eran cometidos por un afroamericano, y también la tipificación de faltas y delitos que podían ser cometidos solamente por afroamericanos[25]. Además, se sancionaban conductas sin mayor gravedad que eran definidas difusa e indeterminadamente como el «lenguaje indecente», la «desobediencia» o, simplemente, «maldecir»[26]. Algunas jurisdicciones sancionaban la «conducta obscena», «ser un holgazán» o «una persona desordenada»[27].

---

24.   Cabe señalar que, tras pocos meses de la entrada en vigencia de la Decimotercera Enmienda alrededor de «ocho estados sureños habían adoptado sus particulares versiones de los *black codes*», (Karst, 1989, p. 50).

25.   Como refieren Frank y Munro, los códigos negros establecían delitos pasibles de ser cometidos únicamente por los afroamericanos, como las leyes que les impedían adquirir y beber alcohol o portar armas, y, además, aplicaban penas más severas en determinados delitos si éstos eran cometidos por afroamericanos (1950, p. 144).

26.   El *black code* de Louisiana, conocido por su particular severidad, contemplaba la imposición de multas por diversas faltas como el «lenguaje indecente», la «desobediencia» o por «maldecir», (Forte, 1998, p. 603).

27.   En Mississippi se aprobó, en el año 1865, una ley —*An Act to Confer Civil Rights on Freedmen*— que sancionaba penalmente conductas tan irrelevantes como «huir, conducta obscena y por ser un holgazán o una persona desordenada». También exigía a los afroamericanos liberados suscribir un contrato laboral bajo amenaza de ser acusado de cargos por vagancia; se ordenaba el arresto por incumplir un contrato «sin buena causa»; se prohibía a los negros dejar un empleo por otro imponiendo sanciones civiles y penales por intentar convencer de que «un empleado deje a su empleador».

Las conocidas leyes contra la vagancia —*vagrancy statutes*—, de amplia difusión en gran parte de los estados sureños, constituyen un ejemplo paradigmático de los delitos penales recogidos en los códigos negros. La vagancia consideraba un delito «que una persona de raza negra no tuviera un contrato de trabajo indefinido» (Munro, 1950, p. 144)[28]. Su aplicación real dependía de las necesidades de mano de obra de los estados sureños. En la etapa inmediatamente posterior a la Guerra Civil fue una herramienta recurrente para obtener mano de obra a través de operativos en los que se detenían «holgazanes y vagabundos» que eran sometidos a juicio y condenados en procesos sumarios en los que no solían respetarse las garantías procesales básicas. Tras ello pasaban a formar parte de la población penitenciaria y, en aplicación de los mecanismos de explotación laboral que se instauraron, terminaban siendo llevados a trabajar a las plantaciones y granjas algodoneras. Así, se ponía a disposición de los estados un número considerable de condenados que luego sería destinado al trabajo virtualmente forzado mediante cualquiera de las figuras legales a las que seguidamente se hará referencia. Sus efectos sobre los afroamericanos eran perversos, pues los conminaba a aceptar términos contractuales abusivos bajo la amenaza latente de ser detenidos, procesados y condenados.

El delito de vagancia y otros delitos tipificados en los *black codes* formaban parte del engranaje que se estructuró tras la abolición de la peculiar institución y que tenía por objeto mantener el «control sobre los ciudadanos

---

Éste último punto es lo que se conoce como *Enticement Laws*, disposiciones que impedían la movilidad laboral de los antiguos esclavos mediante la imposición de sanciones civiles y penales que alcanzaban a los empresarios interesados en contratarlos. Pero, además, esta misma ley contenía disposiciones que daban forma a lo que se denominaría posteriormente el sistema de *peonage*, al disponer que los negros condenados podían ser «contratados mediante subasta con el fin de pagar sus multas (...) y establecía un impuesto que debían pagar todos los negros entre 18 y 60 años, cuyo incumplimiento de pago sería considerado una evidencia de vagancia sujeto a sanciones adicionales». En el mismo año se aprobó en Carolina del Sur una ley —*An Act to Regulate the Domestic Relations of Persons of Color*— destinada a garantizar el cumplimiento de los contratos de trabajo mediante diversas sanciones. Establecía, además, que «los trabajadores necesitaban el permiso escrito de sus empleadores dejar la plantación o para recibir visitas». Señalaba que los afroamericanos emancipados «no podían operar un negocio ni trabajar como artesano sin el permiso del juez local de paz y el pago de una tasa de hasta US$ 100». El eventual incumplimiento de dicho pago se consideraría «delito de vagancia», un delito que era definido con laxitud y cuya condena podía desencadenar la contratación del condenado «por la duración de su sentencia condenatoria», (Birckhead, 2015, pp. 1612 y 1613).

28. Durante los primeros años de la Reconstrucción «nueve estados sureños adoptaron leyes tipificando la vagancia y ocho aprobaron leyes que permitían el arrendamiento de los prisioneros por los dueños de plantaciones y compañías privadas», (Birckhead, 2015, p. 1613). El único estado en donde el sistema de arrendamiento de condenados no tuvo una presencia tan extendida fue Virginia, (Howe, 2009, p. 1009).

negros» para preservar la esclavitud, pese a su abolición formal (Bumiller, 1988, p. 45). Este orden emergente de organización del trabajo y de dominación racial tenía un carácter «variado y complejo» (Daniel, 1979, p. 88), y se instituyó a través de leyes estatales dictadas con el objetivo de facilitar que «tanto los individuos como las autoridades locales adquieran y retengan la mano de obra negra virtualmente a voluntad» (Cohen, 1976, p. 31). Como señala Daniel, constituía, «una mezcla sin patrón de analfabetismo, leyes, contratos y violencia» (Daniel, 1979, p. 88).

La implementación de las figuras legales que se estudiarán a continuación fusionaba elementos de la esclavitud que se encubrían bajo diversos institutos creados por leyes estatales y locales. Si bien se reconocía formalmente la libertad de los afroamericanos, su diseño «permitía a los blancos sureños ejercitar control sobre la fuerza laboral negra manteniendo la apariencia de legitimidad» (Karst, 1989, p. 50). En tal sentido, compartían una vocación excluyente que tenía por objeto mantener a los afroamericanos «en un estatus de inferioridad y dependencia muy similar a la esclavitud», negándoles la verdadera ciudadanía y el ejercicio de los derechos más básicos.

En el ámbito rural el *sharecropping* se convirtió en una de las formas de trabajo más utilizadas. Consistía, fundamentalmente, en el pago de la mitad de la remuneración al trabajador agrícola, bajo el compromiso de entregar la parte restante en la cosecha. Los gastos de manutención de los trabajadores, como la vivienda y alimentación, eran asumidos por el dueño de la plantación y se descontaban tras la cosecha (Birckhead, 2015, p. 1615). Dado que el costo de dichos gastos era fijado unilateralmente por el empleador, el trabajador casi siempre terminaba endeudado o en una posición de dependencia hacia el dueño de la plantación frente a quien no tenía ningún poder de negociación.

Por su parte, las conocidas como *enticement laws*, inspiradas en la «relación de propiedad» entre el dueño y el esclavo, permitían retener y conservar a la mano de obra afroamericana imponiendo sanciones civiles y penales a quienes intentaban contratar a los afroamericanos empleados por otra persona. Con ello se impedía la movilidad laboral de los trabajadores, al disuadir a las personas interesadas de contratar a un afroamericano empleado por otra persona. Su uso fue generalizado en los estados del Sur al punto que, entre los años 1865 y 1867, hasta diez estados del Sur contaban con *enticement laws*[29] . La particularidad de estas disposiciones residía en que se dirigían a regular la conducta de los empleadores, a diferencia de

---

29.   Por ejemplo, la *enticement law* de Georgia consideraba un delito intentar contratar a un trabajador que se encontraba al servicio de otra persona ofreciéndole «un salario

otros institutos que les sucedieron, que estaban destinados a regular el comportamiento de los afroamericanos (Cohen, 1976, p. 37).

Otra figura de uso generalizado eran las denominadas *false pretense laws que* sancionaban penalmente a las personas que abandonaban sus puestos de empleo sin devolver las cantidades recibidas como adelanto por su empleador (Azmy, 2002, p. 1026). Dado que la tipificación de este controversial delito de fraude suponía tramitar una disputa de indiscutible naturaleza civil por la vía penal resultaban fácilmente cuestionables, pero los estados solían justificar su tipificación alegando la existencia de una supuesta intención de defraudar por parte del empleado.

A la luz de la evidente inconsistencia que suponía tramitar una contienda de naturaleza civil en la jurisdicción penal, la Corte Suprema de Alabama, en un intento de mitigar la evidente arbitrariedad de esta regulación, estableció que las condenas por este peculiar delito serían válidas solamente cuando se haya probado la existencia «de un intento de defraudar cuando el contrato fue suscrito». En respuesta a esta decisión, la legislatura estatal modificó la ley en cuestión, especificando que la falta de devolución de las cantidades entregadas en calidad de adelanto a los trabajadores, así como el rechazo injustificado de realizar las tareas acordadas contractualmente, constituirían una «evidencia *prima facie* de la intención de (...) defraudar al empleador» (Cohen, 1976, p. 43). Esta modificación se extendió rápidamente a otros estados que incluyeron en la regulación de este polémico delito una cláusula equivalente para evitar cuestionamientos similares a los planteados por el Tribunal Supremo de Alabama.

La doctrina suele hacer referencia al peonaje negro —*black peonage*— para aludir al sistema de explotación que se promovió mediante diversas fórmulas legales diseñadas y dirigidas exclusivamente contra la población recién emancipada. El peonaje, *que* puede definirse como «el trabajo compulsivo en pago de una deuda» (Kares, 1995, p. 374), antecede en existencia a la fecha de la ratificación de la Decimotercera Enmienda, aunque con la incorporación de ésta se entendió que su prohibición de servidumbre involuntaria alcanzaba también al peonaje, al denominado peonaje negro, así como a otras prácticas como el *Padrone System*[30].

---

mayor» o «de cualquier otra forma». Con el mismo objetivo la ley de Louisiana sancionaba a todo aquel que «persuada o intente convencer, alimente o albergue (...) a cualquier persona que abandone a su empleador», (Cohen, 1976).

30. Esta práctica consistía en la «importación» de niños de origen italiano que eran llevados a la ciudad de Nueva York y obligados a dedicarse a diversas actividades

En lo relativo al denominado peonaje negro, que es el asunto que nos interesa estudiar en este momento, haremos referencia a las dos figuras más significativas, tanto por su uso recurrente y generalizado, como por las duras condiciones a las que sometían a los afroamericanos y afroamericanas. Ambas constituían una parte importante del régimen de explotación racial que se diseñó tras la abolición de la esclavitud. Este sistema estaba basado en la criminalización de la población afroamericana y fue promovido por las legislaturas estatales a través de la aprobación de leyes que tipificaron delitos *negros* y regularon institutos para controlar la fuerza laboral y la vida de los condenados. Su éxito se explica gracias a la complicidad de las cortes estatales y federales que avalaron estas prácticas y a la aquiescencia de una sociedad civil resistente en aceptar la abolición de la esclavitud. El *criminal surety system* y el *leasing of convict labor*, que seguidamente se analizarán, fueron solo dos modalidades de todo el entramado que se estructuró después de la ratificación de la Enmienda, emulando la esclavitud y manteniéndola viva.

El *criminal surety system* o sistema de fianzas penales se aplicaba a los afroamericanos que habían sido acusados y condenados por la comisión de un delito menor como la vagancia o cualquiera de los tipificados en los códigos negros. En teoría, «brindaba una "oportunidad" al condenado» de no entrar en prisión si suscribía un contrato de trabajo (Cohen, 1976, p. 34)[31]. El empleador debía pagar una fianza al estado que era impuesta en la sentencia condenatoria y, en retribución, podía beneficiarse del trabajo de

---

—casi siempre la mendicidad—, aunque algunos eran obligados a ser músicos callejeros o lustrabotas, entre otras actividades. Los ingresos que obtenían con este trabajo forzado eran entregados a la persona que los tenían bajo su control. En el año 1874 se aprobó una ley destinada a la abolición de esta práctica (Act of June 23, 1874, ch. 464, § 1, 18 Stat. 251), (Cook, 1985, pp. 155 y 156).

31.   Baker ha descrito con crudeza cómo operaba el *criminal surety system:*
       «Vi que un negro era traído a la Corte acusado de robar algodón. ¿Alguien conoce a este negro? preguntó el juez. Dos hombres blancos se levantaron y dijeron que ambos lo conocían. El juez multó al negro con US$ 20 dólares más costos, y hubo un verdadero concurso entre los dos hombres blancos sobre quién debería pagar (la multa) y obtener el negro. Discutieron por unos minutos, pero finalmente el juez le preguntó al prisionero: ¿Con quién quieres trabajar George? El negro eligió a su empleador y acordó trabajar por cuatro meses para pagar su multa de US$ 20 dólares y los costos», (1964, pp. 96-97).
       La descripción refleja que el *criminal surety system* constituía un sistema diseñado y empleado con el fin de proveer de mano de obra a los comerciantes, hacendados y empresarios sureños. En su funcionamiento, el sistema judicial se convertía en una suerte de «agencia de empleos» al servicio de los interesados en conseguir mano de obra a bajo coste, (Azmy, p. 1027).

la persona condenada que se comprometía a trabajar para él durante algún tiempo[32].

Normalmente, los trabajadores que no lograban firmar un contrato que les permitiera pagar la fianza impuesta en la sentencia condenatoria a través del *criminal surety system*, pasaban a formar parte de la población penitenciaria y terminaban en el sistema de arrendamiento de condenados —*convict leasing system*— [33]. Éste, por su parte, permitía a los funcionarios estatales suscribir acuerdos con empresarios y dueños de negocios de diversa índole para que obtuvieran la custodia total de los condenados por un período de tiempo determinado y se beneficiaran de su trabajo[34]. Los empleadores asumían todos los gastos de manutención de los condenados y abonaban una suerte de retribución o renta a los estados. El sistema de arrendamiento de condenados ha sido calificado como el instituto «más represivo» de la etapa de la reconstrucción por las duras condiciones a las que eran sometidos los afroamericanos que ingresaban al sistema de peonaje (Azmy, 2002, p. 1026). Además, «no tuvo precedentes en el número de prisioneros involucrados, en el mayoritario uso de prisioneros negros y en el casi inexistente control (sobre) los arrendadores». Como consecuencia de este descontrol y del racismo exacerbado, los castigos corporales y la tortura —que muchas veces culminaba con la muerte de los prisioneros— eran situaciones comunes. En la práctica, los empleadores «casi nunca respondían por la muerte de un prisionero a su cargo» (Howe, 2009, pp. 1009-1011)[35].

---

32. Como describe Birckhead:
  «los agentes encargados de hacer cumplir la ley arrestaban a los negros por crímenes fabricados como la vagancia o hablar en voz alta con una mujer blanca y los mantenían en prisiones locales; los jueces, alcaldes y jueces de paz que trabajaban para (…) los dueños de los negocios que se beneficiaban del trabajo (de los afroamericanos) dictaban sentencias compuestas por costas y gastos; los trabajadores entonces llegaban a acuerdos informales con los dueños de los negocios para pagar sus deudas reales o imaginarias, a cambio de su liberación, y así sucesivamente» (2015, p. 1624).

33. Este sistema nació inicialmente para establecer un «medio de control sobre los prisioneros en los estados sureños ante la destrucción de los establecimientos penitenciarios», pero su devenir lo convirtió en una poderosa herramienta de explotación laboral, abuso y también en una importante fuente de recursos económicos para los estados sureños cuya economía, tras la Guerra Civil, había quedado devastada, (Birckhead, 2015, p. 1613).

34. Solamente el estado de Virginia no recurrió al sistema de arrendamiento de convictos con tanta intensidad como lo hicieron los otros estados sureños, (Howe, 2009, p. 1009).

35. Las tasas de mortalidad de las personas empleadas en este sistema alcanzaban el 20 por ciento (Schmidt, 1982, p. 650). Como refiere Howe, cuando la esclavitud era una institución legítima, los dueños de esclavos contaban con «incentivos económicos para

Con frecuencia estos cuestionables contratos se extendían en el tiempo debido al supuesto incumplimiento de los empleados que solían esgrimir sus empleadores o debido a la repentina e inexplicable «pérdida de los expedientes de la deuda». Ambas situaciones constituían maniobras conocidas y dirigidas a mantener la mano de obra afroamericana a merced de los agricultores y comerciantes sureños (Birckhead, 2015, p. 1606).

Solo tras dos años de la ratificación de la Decimotercera Enmienda el Congreso, al amparo de su sección 2, aprobó la *Anti-Peonage Act*[36]. Esta ley declaró ilegal la obligación impuesta sobre cualquier persona de trabajar bajo el sistema de peonaje, estableció que las leyes y prácticas que impusieran la obligación de trabajar para cumplir con deudas u obligaciones se considerarían nulas y sancionó a las personas que mantuviesen retenidas a otras en condiciones de peonaje. Pese a esta declaración formal, la oposición que despertó fue tan amplia que muchos estados sureños no tardaron en aprobar leyes penales dirigidas a mantener bajo su control a los afroamericanos recién emancipados.

La denominación peonaje con la que se suele hacer referencia a las fórmulas legales que se acaban de mencionar, y que fue empleada también por la *Anti-Peonage Act*, no fue acertada y, de hecho, dificultó su cuestionamiento legal. Como antes hemos señalado, el peonaje, por definición, constituye una suerte de trabajo impuesto forzosamente para la satisfacción de una deuda. Con la asimilación de este conjunto de prácticas e institutos con la figura del peonaje, se invisibilizaba la dimensión racial y la gravedad de un sistema que criminalizaba a los afroamericanos y que, una vez condenados, fomentaba su ingreso en un régimen de esclavitud *de facto*.

En las figuras a las que hemos referencia la obligación monetaria, que constituye un componente esencial en el peonaje, no siempre existía o constituía un dato meramente anecdótico (Cohen, 1976, p. 32). Casi siempre era parte de los argumentos que planteaba un empleador para justificar su interés en retener al trabajador bajo su control; un trabajador a quien, por cierto, difícilmente se le daba la oportunidad de contradecir las acusaciones en su contra y que se encontraba en un estado de total vulnerabilidad. El

---

cuidar de sus esclavos» pues constituían parte de su patrimonio. Este incentivo ya no existía frente al sistema de arrendamiento de condenados pues las tasas por el alquiler de los condenados eran sumamente bajas y existía una gran oferta de esta mano de obra en virtud del gran número de afroamericanos que ingresaba al sistema penitenciario como producto de la aplicación de delitos tipificados en los *black codes* (2009, pp. 1009-1011).

36.   Act of March 2, 1867, ch. 187, 14 Stat. 546 (1867) «An Act to abolish and forever prohibit the System of Peonage in the Territory of New Mexico and other Parts of the United States».

denominado *black peonage* constituía una práctica creada para preservar la explotación y control sobre los afroamericanos y afroamericanas y que, por sus características, debía entenderse comprendida dentro de la prohibición de esclavitud de la Decimotercera Enmienda.

En el año 1907 el Departamento de Justicia publicó un informe elaborado por Charles W. Russell analizando el fenómeno del peonaje negro. El informe fue elaborado por encargo del Fiscal General del Estado, Charles J. Bonaparte, en respuesta a las múltiples informaciones que denunciaban la existencia de prácticas de corte esclavista que recaían sobre los afroamericanos en los estados sureños y que anunciaban su expansión y la victimización de personas inmigrantes de origen italiano (Schmidt, 1982, p. 672). El informe redactado por Russell advirtió las características del llamado peonaje negro, describiendo su extrema virulencia y la explotación laboral que conllevaba, pero también dio cuenta de su expansión hacia otros colectivos.

En este documento quedó reflejada la tendencia de conceptualizar las figuras diseñadas tras la aprobación de la Decimotercera Enmienda como situaciones de servidumbre involuntaria, caracterizándolas como supuestos de trabajo coercitivo. El *Report relative to Peonage Matters* dejó en evidencia que «el peonaje constituía solo una dimensión de un sistema más generalizado de servidumbre involuntaria» que, según señaló, tenía su origen en diversas leyes dictadas para «obligar a los trabajadores negros a trabajar». En tal virtud, este documento cuestionó el uso del término peonaje que venía utilizándose para hacer referencia a la multiplicidad de prácticas a través de las cuales se obtenía el trabajo de los afroamericanos sin que exista una deuda que satisfacer, elemento básico para que se configure una situación de peonaje de acuerdo con lo prescrito en la *Peonage Act* de 1867. Por esta razón, Russell urgió a «abandonar el uso de la palabra peonaje y aprobar una ley prohibiendo la servidumbre involuntaria» (Cohen, 1976, pp. 31 y 32). De este modo, si bien se cuestionó la conceptualización de estas prácticas como supuestos de peonaje y se reconoció que afectaban prioritariamente a la población afroamericana, se insistió en encuadrarlas dentro de la prohibición de servidumbre involuntaria y no dentro de la prohibición de esclavitud.

La rápida expansión en el Sur de estas formas de esclavitud encubierta obedeció a diversas causas. Por una parte, y como ya se mencionó, la Guerra Civil supuso no solo la destrucción de las principales instituciones estatales, sino que también conllevó una severa crisis económica que sumergió al Sur en un «completo caos» (Carper, 1976, p. 87). Frente al desafío económico que representaba la emancipación los dueños de las plantaciones evitaron, hasta donde les fue posible, hacer efectiva la emancipación de sus antiguos esclavos. A través de distintos medios como la desinformación, primero, y la amenaza y coerción, después, lograron «mantener la relación de amo y esclavo». Por su parte, el analfabetismo predominante en la población afroamericana recién emancipada los exponía a prácticas abusivas, y su falta de preparación y el prejuicio impedía su acceso a empleos más cualificados acrecentando su situación de dependencia e indefensión (Daniel, 1979, p. 95).

Desde la perspectiva de la política federal se puede señalar que los principales objetivos que se trazó el Congreso en esta etapa facilitaron la pronta difusión de todas estas prácticas. Sus esfuerzos estuvieron dirigidos a garantizar a los afroamericanos los derechos civiles más básicos, primero, mediante el fin de la esclavitud, a través de la Decimotercera Enmienda, y, después, mediante el reconocimiento de la ciudadanía efectiva a través de la Ley de Derechos Civiles de 1866 y la Decimocuarta Enmienda. Posteriormente, la atención se centraría en el reconocimiento del derecho al sufragio a los hombres negros, para lo cual se aprobó y ratificó la Decimoquinta Enmienda. Para asegurar su ejercicio se consideraría la «interferencia con el voto un delito federal» y, seguidamente, se penalizaría «la vulneración violenta de los derechos civiles» a través de la «*Ku Klux Klan Act*» (Birckhead, 2015, p. 1614). Para el Congreso y el Gobierno los sistemas de explotación laboral que surgieron tras el cese formal de la esclavitud formal no fueron prioritarios (Schmidt, 1982, p. 650). Pero, además, su expansión contó con la complicidad del sistema judicial que, en vez de investigar las denuncias y dictar condenas de acuerdo con lo prescrito en la *Antipeonage Act*, impidió la eficacia de dicha regulación y de la Decimotercera Enmienda.

Por lo demás, en el plano social existía una marcada aprobación pública hacia estas prácticas: un porcentaje considerable de los ciudadanos sureños blancos no las consideraban «moral o éticamente reprobable(s)» (Birckhead, 2015, p. 123), lo que dificultaba enormemente el éxito de las investigaciones penales y convertía las condenas por peonaje o servidumbre involuntaria en un acontecimiento extraordinario y poco popular. Bajo este panorama no resulta extraño que esta variedad de prácticas que constituían manifestaciones de servidumbre involuntaria haya perdurado hasta casi la mitad del siglo XX.

La primera decisión relativa al denominado peonaje negro dictada por el Supremo fue el caso Clyatt v. United States, 197 U. S. 207 (1905), en donde se avaló la constitucionalidad de la Ley Antipeonaje. La sentencia señaló que la prohibición de servidumbre involuntaria de la Decimotercera

Enmienda «denuncia un estatus o una condición, con indiferencia de la manera o de la autoridad por la cual es creada» y encuadró el dictado de la ley sujeta a juicio en el marco de la potestad que otorga la sección de la Enmienda al Congreso. El peonaje era definido desde una concepción tradicional como «una condición de servicio compulsivo basado en el endeudamiento del peón al amo». No se hizo referencia alguna al fenómeno del peonaje negro que había motivado su dictado. Se trató de una decisión ciega al color y que pasó por alto que el conjunto de prácticas que formaban parte de este entramado representaba una vulneración grosera al mandato de la Decimotercera Enmienda y esta tónica marcaría el tratamiento del fenómeno en decisiones sucesivas (Schmidt, 1982, p. 663).

En Bailey v. Alabama, 219 U. S. 219 (1911) y United States v. Reynolds, 235 U. S. 133 (1914) se analizaron leyes penales dictadas por el estado de Alabama que habían sido diseñadas en violación de la *Antipeonage Act* y de la Decimotercera Enmienda. En ambos casos se enfrentaba a prácticas a través de las cuales miles de afroamericanos eran conducidos a situaciones similares a la esclavitud utilizando leyes locales y el aparato judicial para dicho fin. Hay que indicar además que, en ambos casos, la Corte tenía el apoyo de la ley federal —*The Anti-Peonage Act*— y de los múltiples informes del Departamento de Justicia que daban cuenta de todos los abusos que suponían estas prácticas (Schmidt, 1982, p. 647).

En Bailey la Corte Suprema Federal declaró la inconstitucionalidad de la *false pretense law* del estado de Alabama bajo la cual Alonso Bailey fue condenado[37]. La decisión señaló que, aunque el propósito explícito de la regulación sujeta a juicio era sancionar el fraude, la presunción contenida en ésta creaba condiciones equivalentes al peonaje que eran contrarias a lo prescrito en la *Peonage Act* de 1867 y en la Decimotercera Enmienda. Consideró que la ley de Alabama obligaba al trabajador a ejecutar el contrato suscrito bajo la amenaza de ser procesado y condenado por el delito de fraude. Un estado, indicó, «no puede obligar a un hombre a trabajar para otro en pago de una deuda castigándolo como un criminal si no ejecuta el servicio o paga la deuda». Añadió que tampoco resultaba legítimo «obtener el mismo resultado» de manera indirecta, mediante la creación «de una presunción legal que, sin prueba de otro hecho, lo expone a ser condenado». Recordó que la Decimotercera Enmienda tenía como propósito fundamental «hacer imposible cualquier estado de esclavitud: hacer el trabajo libre

---

37.   Bailey trabajaba en una plantación agrícola y había suscrito un contrato de un año recibiendo un adelanto equivalente a 15 dólares americanos. Trabajó alrededor de un mes y dejó su puesto sin devolver la parte proporcional del adelanto recibido por el

prohibiendo el control por el cual el servicio personal de un hombre es apropiado o prestado bajo coacción en beneficio de otro».

El caso Bailey tuvo gran repercusión en los estados sureños que contaban con leyes de similar calado como Arkansas y Mississippi que derogaron sus respectivas *false-pretense law* tras su dictado (Cohen, 1976, p. 43). La sentencia pudo tener una proyección más amplia en la medida en que su argumentación ponía en cuestión la lógica de diversas figuras legales implementadas para mantener a los afroamericanos esclavizados, pero se enfrentó a una fuerte resistencia en dichos estados[38].

Por su parte, en United States v. Reynolds, 235 U. S. 133 (1914)[39] se enjuició la constitucionalidad de Ley de Garantía Criminal del estado de Alabama —*Criminal Surety Act*—. La sentencia observó la crudeza del sistema de fianza de convictos cuya aplicación consideró más onerosa en com-

---

trabajo no realizado. Bajo la legislación de Alabama el incumplimiento de un contrato de empleo sin devolución del adelanto otorgado constituía una evidencia *prima facie* del delito de fraude.

38.   Siguiendo el criterio expuesto en Bailey, la Corte invalidó leyes aprobadas en Georgia y Florida en los casos Taylor v. Georgia 315 U. S. 25 (1942) y Pollock v. Williams, 322 U. S. 4 (1944) respectivamente. Estas decisiones, sin embargo, se dictaron tras los esfuerzos de dichos estados en mantener el delito de fraude —*false pretense law*— en sus legislaciones penales a pesar del criterio establecido por el Supremo en Bailey. En el caso de Georgia, el Tribunal Supremo estatal concluyó que la *false pretense law* estatal era constitucional por lo que la disposición se mantuvo en vigencia hasta el año 1942, cuando la Corte Suprema federal declaró su inconstitucionalidad en el asunto Taylor v. Georgia. Por su parte, en Florida el Congreso estatal derogó, en 1913, la evidencia *prima facie* de fraude contenida en su *false pretense law*, pero en 1919 incorporó nuevamente dicha cláusula. La modificación se mantuvo vigente hasta la decisión dictada por el Tribunal Supremo federal en Pollock v. Williams, 322 U. S. 4 (1944). En este litigio se observó que según la regulación cuestionada el mero incumplimiento de un contrato de trabajo constituía una «presunción de fraude» y los trabajadores podían ser encarcelados y posteriormente condenados por el mero hecho de abandonar el puesto trabajo. De esta manera, eran compelidos a continuar trabajando contra su voluntad bajo amenaza de sufrir las consecuencias legales previstas. Al dictar sentencia, el Supremo invalidó la cuestionada ley recordando que «el fin indudable de la Decimotercera Enmienda conforme ha sido implementada por la *Antipeonage Act* no es simplemente acabar con la esclavitud sino mantener un sistema de trabajo completamente libre y voluntario a lo largo de los Estados Unidos».

39.   Bajo la Ley de Garantía Criminal del estado de Alabama Ed Rivers, un ciudadano afroamericano, fue condenado por el delito de hurto a la prestación de sesenta días de trabajo y a pagar las costas judiciales y la respectiva multa. Reynolds, un empresario blanco, pagó ambos conceptos a cambio de la promesa de trabajo de Rivers por diez meses en labores de labranza. Pero Rivers renunció tras un mes de haber iniciado sus labores y fue nuevamente encarcelado conforme a lo dispuesto en la Ley de Garantía Criminal de Alabama. Se le impuso una nueva multa que era equivalente al doble de la primera y suscribió un nuevo contrato de fianza para trabajar en una plantación por catorce meses. Al tener conocimiento del caso, el Departamento de

paración con el cumplimiento de la condena por el delito originalmente imputado. Advirtió que el contrato entre el condenado y la persona que había pagado su fianza era «virtualmente coercitivo» debido al estado de zozobra que generaba la posibilidad de ser objeto de un nuevo arresto, acusación y condena que el acusado tendría que resolver recurriendo, nuevamente, al sistema de garantía criminal. A diferencia de Bailey, este caso se enmarcó en la prohibición de servidumbre involuntaria, al sostener que el objetivo del sistema de fianzas penales era «mantener al condenado encadenado a una incesante rueda de servidumbre».

Tanto Bailey como Reynolds destacaron la inconstitucionalidad e ilegalidad de figuras legales cuyo diseño tenía por efecto mantener a las personas afectadas en un estado de sujeción total. Ambas decisiones capturaron la severidad y virulencia de estas prácticas, aunque solo Bailey las asimiló con la esclavitud. Reynolds insistió, como habían hecho diversas cortes federales, en definir el sistema de fianza de convictos como un supuesto de servidumbre involuntaria.

Pese a la relevancia indudable de estas sentencias un aspecto que resulta llamativo y criticable es la omisión en su análisis del componente racial y grupal que explica el surgimiento de las instituciones que se analizaron (Azmy, p. 1029). En Bailey señaló expresamente la intención de omitir del análisis el factor racial involucrado en el caso, advirtiendo «descartamos de nuestra consideración el hecho de que el demandante (…) sea un hombre negro». Y, en Reynolds, la omisión acerca de la naturaleza racial del *Criminal Surety Act* de Alabama contrastó con la claridad con la que el Alto Tribunal analizó su carácter coercitivo.

Este enfoque neutral resulta sorprendente considerando que el fenómeno involucrado en ambos litigios tenía una vinculación directa con la esclavitud que había sido formalmente erradicada y que recaía sobre las personas de origen africano. Se trataba de un sistema diseñado para resistir el mandato de la Decimotercera Enmienda y preservar la vigencia de la odiosa institución. Ambas sentencias recaían sobre institutos que formaban parte de este entramado y que victimizaban a personas que formaban parte del colectivo antes esclavizado —los afroamericanos y afroamericanas— y que fue formalmente emancipado gracias a la Decimotercera Enmienda. Este aspecto, sin embargo, no fue reconocido pues en ambas decisiones la

---

Justicia de los Estados Unidos emprendió acciones legales contra Reynolds alegando la violación de la *Anti-Peonage Act*. El acusado se defendió señalando que la ley bajo la cual había sido condenado Rivers no lo obligaba a prestar un servicio en pago de una deuda, sino que sancionaba la comisión de un delito y por tanto no violaba la prohibición de servidumbre involuntaria de la Decimotercera Enmienda.

cláusula constitucional aparece reducida a una garantía del trabajo libre y la gravedad de estos institutos quedo opacada al encuadrarlos bajo el rótulo de supuestos de trabajo coercitivo.

Dado que la Decimotercera Enmienda protege a toda persona de no verse sometida a prácticas de corte esclavista o de servidumbre involuntaria, es una disposición constitucional que puede ser invocada en una multiplicidad de circunstancias. La Enmienda está destinada a ser un instrumento idóneo para cuestionar fenómenos y prácticas actuales con características distintas a la institución que dio lugar a su gestación.

Las prácticas profundamente opresivas de explotación y abuso suelen recaer sobre personas que pertenecen a colectivos subordinados como minorías raciales, mujeres, niños y niñas, personas con discapacidad y personas de origen extranjero, entre otras. La vulnerabilidad de estos grupos se ve acentuada cuando los fenómenos que dan lugar a su posición de desapoderamiento se entrecruzan. Así, por ejemplo, no cabe duda de que las personas extranjeras se encuentran en una posición especialmente vulnerable y más aún cuando se encuentran en situación migratoria irregular. Las mujeres de origen extranjero en situación irregular están expuestas, además, a la trata y a la explotación sexual. Lo mismo se puede decir de las personas con discapacidad intelectual en una situación socioeconómica deprimida: es indudable que poseen que mayor riesgo de ser explotados laboralmente. La Decimotercera Enmienda puede brindar protección constitucional frente a estas situaciones y otras y su potencial no debe infravalorarse.

Un elemento que ha sido decisivo en expandir o limitar la protección conferida por la Enmienda es el análisis que suelen realizar los tribunales en torno a la presencia o no de la coerción en las conductas demandadas por cuestionar la cláusula. Este elemento se ha considerado fundamental para calificar una supuesta relación de trabajo como un caso equiparable a la servidumbre involuntaria y, por tanto, contrario a lo prescrito en la Decimotercera Enmienda.

Los tribunales federales han seguido distintos criterios para definir cuándo una situación concreta puede catalogarse como un caso de servidumbre involuntaria. Una primera tendencia ha sido analizar si la situación denunciada se ha producido a través del «uso de la fuerza física» (Haag, 1988, p. 884). Cuando la violencia física ha sido el instrumento a través del cual se ha anulado la libertad de las víctimas, los tribunales no suelen plantear reparos para concluir que se ha producido una violación de la Decimotercera Enmienda. Por ejemplo, en United States v. Harris, 701 F.2d 1095

(4th Cir.), cert. denied, 463 U. S. 1214 (1983), los trabajadores no solo eran reclutados por la fuerza, sino que, además, eran encerrados cuando intentaban abandonar sus puestos de trabajo y eran sometidos a severas condiciones de explotación y maltrato constantes. La sentencia apreció que se había verificado un supuesto de servidumbre involuntaria al considerar que ésta existe «cuando el trabajo es coaccionado por amenaza de violencia y confinamiento, respaldada suficientemente por hechos». Este criterio venía siendo aplicado desde United States v. Bibbs, 564 F. 2d 1165, 1168 (CA5 1977) en donde se estableció que la servidumbre involuntaria existe cuando el denunciado «pone a la víctima en tal temor de daño físico que la víctima tiene miedo de irse».

El recurso a las amenazas de utilizar mecanismos legales que pueden acarrear consecuencias negativas para las personas también es utilizado con frecuencia y ejerce particular influencia en personas de origen extranjero en situación irregular. En el caso United States v. Shackney 333 F.2d 475 (2d Cir. 1964) la amenaza de recurrir a los instrumentos legales fue decisiva en la situación de servidumbre involuntaria denunciada, pero el análisis del tribunal no reconoció la entidad de estas amenazas, ni su capacidad de menoscabar la libertad de los afectados. Este litigio estudio el caso de un grupo de familias de origen mexicano en situación administrativa irregular que habían sido inducidas a viajar hasta Connecticut para trabajar en una granja en la que eran sometidas a condiciones de trabajo abusivas. Con el objetivo de que no abandonen sus puestos, habían sido amenazadas con la deportación y con la ejecución de la garantía que habían otorgado para cubrir los gastos de transporte hasta Connecticut. La sentencia afirmó que la servidumbre involuntaria tenía lugar cuando «al empleado se le prohíbe salir del empleo (…) por una fuerza abrumadora». Pese a ello precisó que la amenaza de deportación a las familias afectadas «aunque se acercaba a la línea (…) no convertía a la opción de los Oroses de quedarse (en su puesto de trabajo) en involuntaria». El voto concurrente criticó la conclusión de la mayoría por centrar el análisis en «los medios de sujeción» en lugar de otorgar mayor relevancia a la situación y percepción de las víctimas. Señaló que «cuando la subyugación de la voluntad del sirviente es tan completa como para hacerlo incapaz de tomar una opción racional, la servidumbre es involuntaria».

Mientras la sentencia en mayoría consideró que la familia afectada «tenía una opción entre la libertad y continuar (en una situación de servidumbre)» (Haag, 1988, p. 887), el voto concurrente consideró que las amenazas de deportación tenían suficiente envergadura para anular su libertad y su capacidad de agencia. El enfoque de la sentencia fue indiferente a cómo las concretas circunstancias de la familia afectada —su origen nacional, condición migratoria irregular y su condición socioeconómica— podrían influir en la configuración de un supuesto de servidumbre involuntaria. En este sentido, se trata de una decisión neutra, frente a fenómenos que no lo son.

Otro criterio seguido por algunas cortes analiza el resultado que se ha obtenido, es decir, la sujeción de la víctima. A este supuesto responde el asunto Bernal v. United States, 241 F. 339 (5th Cir. 1917), cert. denied, 245 U. S. 672 (1918), en el que una mujer de nacionalidad mexicana denunció haber sido obligada a prestar servicios a Aurelia Bernal bajo amenaza de ser denunciada y condenada por haber ingresado a los Estados Unidos infringiendo la ley. La sentencia estableció que «los medios de coerción (son) irrelevantes si el servicio fue forzado». Para este tribunal, la forma concreta a través de la cual se produce la coerción no constituye un factor determinante para lograr una condena. Bajo su criterio, bastaba con demostrar, con «evidencia suficiente» la existencia de servidumbre involuntaria.

En Pierce v. United States, 241 F. 339 (5th Cir. 1917), cert. denied, 245 U. S. 672 (1918) se reiteró el criterio expuesto en el caso Bernal. Según el relato de las víctimas, cuando se incorporaban a trabajar en el hotel de carretera regentado por Pierce, en Georgia y ellas permanecer en el trabajo hasta «pagar» la deuda adquirida con Pierce por la vestimenta «de trabajo» que les entregaba, así como por los gastos de manutención. Su trabajo consistía en atender y entretener a los clientes y también eran prostituidas por personas que Pierce elegía previamente. El tribunal federal convalidó la condena a Joel Pierce por haber mantenido a varias mujeres jóvenes en la condición de peonaje señalando que la ley que prohíbe dicha práctica «no toma en cuenta (…) los medios y el método de coerción». Es suficiente, indicó el Tribunal, «alegar y probar que una persona es retenida en contra su voluntad y obligada a trabajar para pagar su deuda».

La indagación de otras cortes federales busca desentrañar la existencia de coerción psicológica para considerar acreditada la servidumbre involuntaria. De este modo, si existe una situación de subyugación y si la persona sometida *cree que* no cuenta con más opción que permanecer en dicha situación, la servidumbre involuntaria puede considerarse acreditada al margen de los medios empleados (Koonce, 1989, p. 693).

En el asunto United States v. Mussry, 726 F.2d 1448 (9th Cir.), cert. denied, 469 U. S. 855 (1984) se estudió un caso de explotación laboral de personas de origen indonesio que también fueron sometidas a condiciones abusivas de trabajo y se encontraban virtualmente retenidas mediante amenazas relativas a su situación migratoria. Al llegar a los Estados Unidos los pasaportes y los billetes aéreos les fueron retirados y sus empleadores les advirtieron que podrían ser arrestados si intentaban abandonar las casas en donde trabajaban. La sentencia concluyó que se había violado la prohibición de servidumbre involuntaria y apreció que la definición ofrecida en el caso Shackney era «demasiado estrecha para implementar el propósito de la Decimotercera Enmienda». Precisó que «una conducta distinta al uso o la amenaza del uso de la ley o del uso de la fuerza física puede (...) tener el mismo efecto que las formas más tradicionales de coerción». Consideró que la servidumbre involuntaria tiene lugar cuando «un individuo emplea una conducta impropia (...) y causa en la otra persona la creencia de que él o ella no tiene otra alternativa que realizar el trabajo». Para determinar la voluntariedad, apuntó, «los antecedentes del individuo en particular son relevantes para decidir si fue obligado a trabajar para el acusado».

Mussry, por tanto, descartó que la violencia física y la amenaza del uso de mecanismos legales sean las únicas vías a través de las cuales se puede someter a las personas a una situación de servidumbre involuntaria y abandonó la evaluación abstracta de los medios que pueden ser utilizados para condicionar la conducta de las personas sujetas a condiciones de explotación. Resulta especialmente relevante la mención que contiene esta sentencia acerca de cómo los antecedentes de las personas afectadas deben ser tomados en cuenta para decidir si fue obligada a trabajar. En este caso el estatus migratorio de las víctimas, su origen nacional y la ausencia de vínculos derivados de encontrarse en un país desconocido, la falta de conocimiento del idioma inglés, su falta de educación y de habilidades laborales fueron factores que determinaron su mayor exposición a la situación de explotación que vivieron y que hicieron que las amenazas que recibieron tuvieran un impacto decisivo en su proceder.

El criterio de Mussry, sin embargo, se puso en cuestión tras la sentencia del Tribunal Supremo en el caso United States v. Kozminski, 487 U. S. 931 (1988), que estableció un estándar más restrictivo. Este litigio involucraba dos personas que fueron llevados por Kozminski a trabajar a su granja en Michigan. Molitors había pasado varios años en una institución mental y después en la calle, en donde lo encontró Kozminski. Robert Fulmer también había sido encontrado en las calles por la familia en mención. Ambos tenían un coeficiente mental reducido (de 60 CI y 67 CI, respectivamente). En la granja trabajaban más de 17 horas al día y la retribución pactada no se les abonaba con regularidad. En el año 1983, tras recibir una denuncia, las autoridades acudieron a la granja y encontraron a Fulmer y a Molitors viviendo en condiciones de miseria y con una salud muy deteriorada que la sentencia del Supremo describió como «condiciones escuálidas». Ambos habían sido sometidos a violencia física y verbal. Molitors, además, había recibido la amenaza de ser institucionalizado si abandonaba el lugar. Las autoridades señalaron que las condiciones de vida de los afectados, así como el «aislamiento y de la severa carga de trabajo» que tenían que soportar, habían dado lugar a una suerte de «lavado de cerebro que mantuvo a Fulmer y Molitors como "rehenes psicológicos"».

El Supremo advirtió que una de las razones para conceder el *certiorari* fue «para resolver el conflicto entre las cortes de apelaciones acerca del significado de la servidumbre involuntaria». Estableció que ésta se produce cuando la víctima «se ve obligada a trabajar para el acusado por el uso o amenaza de restricción o lesión físicas o por el uso o amenaza de coerción a través de la ley». Precisó que de ello no deriva que la evidencia de otros «medios de coerción o las malas condiciones de trabajo o las especiales vulnerabilidades de la víctima no sean relevantes». Pero su importancia quedó seriamente restringida pues señaló que estos elementos se dirigirán a evaluar «si la coerción física y legal o las amenazas de ejercerla podrían haber obligado a la víctima (a mantenerse en situación de servidumbre involuntaria». Su uso, por tanto, está inevitablemente ligado a los dos (únicos) factores a partir de los cuales es posible acreditar la existencia de servidumbre involuntaria.

Aunque, como refiere Kares, en el caso Kozminski el Alto Tribunal estaba condicionado por la naturaleza penal de la contienda (1995, p. 388)[40], la decisión ha tenido un claro influjo en las cortes federales de inferior jerarquía que han aplicado este estándar en casos de naturaleza civil (1995, p. 390). El Supremo argumentó que la Cláusula del Debido Proceso exige tener conocimiento claro de las conductas que están sujetas a responsabilidad penal y que la determinación «caso a caso» no respetaría esta exigencia. La expresión «servidumbre involuntaria» aplicada en la jurisdicción penal, indicó, debe de contar con un significado fijo y predecible. Con esta argumentación, que apela a la naturaleza penal de la contienda para establecer exigencias elevadas con las que acreditar la coerción de los casos de peonaje negro, el Tribunal Supremo dio un paso atrás en su persecución.

40.　En el caso se invocó la violación de la Decimotercera Enmienda y de dos normas de desarrollo constitucional que penalizaban la servidumbre involuntaria. De hecho, una de las razones por las que la Corte consideró que la «coerción psicológica» no era parte de las conductas castigadas en las leyes penales cuya violación se denunció era porque, según sostuvo, esto «delegaría a los fiscales y a los jurados la tarea inherentemente legislativa de determinar qué tipo de actividades coercitivas son tan moralmente reprimibles que deben ser castigadas como crímenes», (Kares, 1995, p. 388).

2.5. REFLEXIÓN FINAL

Como hemos demostrado en el presente trabajo, la Enmienda de la Abolición constituye una cláusula que cuenta dotada de un amplio potencial y a través de la cual es posible cuestionar diversas prácticas que se traducen en situaciones de sujeción y dominio grave y que comprometen intensamente la libertad, la igualdad y el ejercicio de diversos derechos fundamentales de las personas afectadas. Este precepto trasciende de los condicionamientos históricos que motivaron su aprobación y está destinado a ser un instrumento idóneo para cuestionar fenómenos y prácticas contemporáneas que comprometan los valores que se buscaron proteger mediante su incorporación a la Norma Fundamental americana.

Pese a su relevancia, las decisiones del Supremo han venido estrechando su ámbito de protección de manera ostensible. En lo relativo a su sección 2 o *Enforcement Clause*, ha operado una reducción del concepto de «símbolos, incidentes o vestigios» de la esclavitud a través del cual se delimita este poder-deber concedido al Congreso para garantizar su eficacia. Pero esta noción, además, permite identificar las facultades que integran el derecho a no ser objeto de prácticas de corte esclavista o de servidumbre involuntaria que recoge la sección 1. Pese a ello se viene imponiendo un criterio de acuerdo con el cual esta variable se aplicaría solamente para definir la extensión de la sección 2. De acuerdo con esta postura, la tutela frente a los «símbolos e incidentes» de la esclavitud y de la servidumbre involuntaria solo podría hacerse efectiva si una ley del Congreso así lo ha previsto. La sección 1, por su parte, quedaría reducida a un mandato de perfil prohibitivo a través del cual se pueden cuestionar prácticas de corte esclavista o de servidumbre involuntaria entendidas en términos estrictos.

Ya hemos señalado que consideramos contradictorio concluir que la expresión «vestigios, reliquias o incidentes» de la esclavitud constituya una categoría cuya finalidad exclusiva sea delimitar el poder atribuido al Congreso en la sección 2 y que no pueda ser invocada para demarcar la protección que confiere su sección 1. La citada expresión delimita el contenido de una cláusula constitucional cuyo mandato primario reside en su sección 1. La sección 2, en tanto cláusula de garantía, se encuentra al servicio de la sección 1. Por lo tanto, su extensión depende, en gran medida, de la proyección de la sección 1.

Ciertamente, esto no quiere decir que los aspectos que pueden ser garantizados en la vía judicial cuando se demanda la protección contra la imposición de «símbolos, incidentes o vestigios» de la esclavitud, sean los mismos sobre los cuales el legislador tiene capacidad de desplegar su poder normativo. La distinta naturaleza de la función jurisdiccional y de la función legislativa permitirá demarcar la amplitud con la que cada órgano podrá tutelar a las personas frente a situaciones, prácticas o disposiciones que constituyan la imposición de «incidentes, símbolos o vestigios» de la esclavitud.

Por otro lado, la interpretación de la *Punishment Clause* que contiene la sección 1 ha llevado a excluir de su tutela las decisiones que obligan a las personas condenadas y recluidas en establecimientos penitenciarios a trabajar. Diversos pronunciamientos han sostenido que este precepto ordena que quienes han sido condenados por un delito están privados de la defensa contra el sometimiento a la esclavitud y a la servidumbre involuntaria que garantiza la Enmienda. De este modo, se ha dejado fuera del horizonte de la cláusula situaciones de grave abuso y explotación laboral que tienen como principales afectados a las personas condenadas y privadas de su libertad.

Frente a ello, hemos sostenido que la *Punishment Clause* debería entenderse, más bien, como un mandato que admite ciertas limitaciones de derechos que se impongan tras una condena válida por un delito. Pero la validez de estas restricciones estaría condicionada al cumplimiento de ciertas exigencias formales (sentencia condenatoria firme y dictada en el marco de un proceso en el que se hayan respetado todas las garantías del debido proceso) y materiales (las limitaciones a la libertad que podrían justificarse a partir de la condena por un delito no deben asimilarse en gravedad y significado a la servidumbre involuntaria ni, menos aún, a la esclavitud. Su finalidad, además, debe orientarse a lograr la reinserción de las personas condenadas).

Otro aspecto que limita la eficacia de esta enmienda reside en el enfoque neutral con el que diversos tribunales, incluido el Tribunal Supremo federal, han venido interpretando su alcance. Tanto las decisiones relativas al denominado peonaje negro, como las que analizan conductas cuestionadas por contravenir la prohibición de servidumbre involuntaria, han visto mermada su capacidad de brindar protección a los colectivos afectados debido a la predominancia de una perspectiva ciega a la verdadera naturaleza de las prácticas en cuestión.

En lo referido al peonaje negro, por ejemplo, incluso las decisiones de mayor impacto han omitido el análisis del factor racial que indudablemente estaba en la raíz del citado fenómeno. Como es sabido, el peonaje negro consistió en un entramado destinado a garantizar la subsistencia de la odiosa institución y contó con la participación de los gobiernos estatales, las cortes federales y de la sociedad civil que se resistían a aceptar el fin de la esclavitud. Pese a ello, decisiones como Bailey y Reynolds se han decantado por invisibilizar el componente racial que explica su surgimiento.

Los casos de servidumbre involuntaria que se han estudiado en el último apartado, por su parte, permiten advertir la implantación de criterios restringidos y formalistas para definir cuándo se verifica un incumplimiento del mandato de la Enmienda. Pero también evidencian un enfoque que pretende neutralidad en un terreno caracterizado por la asimetría. La esclavitud se gestó a través de un proceso de explotación laboral que fue derivando, paulatinamente, hacia relaciones de sujeción absoluta, perpetua y racialmente condicionadas. Se asentó sobre la deshumanización de las personas esclavizadas y la negación de sus derechos básicos. Las prácticas esclavistas y de servidumbre involuntaria actuales seguramente no se puedan equiparar en términos cuantitativos a la esclavitud afroamericana y tampoco gozan del respaldo social y el reconocimiento legal pleno que entonces no se dudó en otorgar, pero siguen siendo fenómenos que están vinculados a los distintos sistemas de opresión. Por ello tienen como víctimas a personas que pertenecen a colectivos subordinados cuya exposición a estas prácticas se acentúa cuando estos sistemas se entrecruzan. Ello explica que en la mayoría de los casos estudiados las personas explotadas sean de origen extranjero y en situación irregular (Shackney, Mussry, Bernal), mujeres extranjeras en situación irregular (Pierce) o personas con discapacidad en una posición socioeconómica deprimida y con escasa formación (Kozminski).

No debe perderse de vista que la Decimotercera Enmienda tuvo como principal objetivo extinguir la esclavitud y la servidumbre involuntaria en los Estados Unidos y éstos constituyen fenómenos que centran su atención en la «dominación y explotación» que se ejerce sobre los grupos subordinados (Pope, 2018, p. 470). Son institutos esencialmente asimétricos y su interpretación neutra supone desconocer su naturaleza y privarlos de efectividad.

Referencias

Ackerman, B. (2015). *We the People I. Fundamentos de la historia constitucional estadounidense*. Quito, Madrid: Instituto de Altos Estudios de Ecuador, Traficantes de Sueños.

Ahumada, M. A. (1998), City of Boerne v. Flores. La importancia del «candor judicial». *Revista Española de Derecho Constitucional*, 54, 1998, 311-346.

Albert, R. (2018). Constitutional Amendment and Dismemberment. *The Yale Journal of International Law*, 43, 1-84.

Alexander, M. (2012). *The New Jim Crown. Mass Incarceration in the Age of Colorblindness*, Nueva York: The New Press.

Armstrong, A. (2012). Slavery Revisited in Penal Plantation Labor. *Seattle University Law Review*, 35, 869-910.

Azmy, B. (2002). Unshackling the Thirteenth Amendment: Modern Slavery and a Reconstruction Civil Rights Agenda. *Fordham Law Review*, 71, 981-1061.

Arber, E. y Bradley A. G. (eds.), *Travels and Works of Captain John Smith*, Edinburgo, 1919, vol. 2.

Backman, D. (2023). A Vast Labor Bureau: The Freedmen's Bureau and the Administration of Countervailing Black Labor Power. *Yale Journal on Regulation*, 48, 837-874.

Baker Ray, S. (1964). *Following the Color Line. An account of Negro citizenship in the American Democracy*. Nueva York: Harper Torchbooks-The University Library.

Balkin, J. M. y Siegel, R. (2009). Remembering how to do Equality, en *The Constitution in 2020*, Oxford, Nueva York: Oxford University Press.

Balkin, J. M. (2010). The Reconstruction Power. *New York University Law Review*, 6, 1801-1891.

Balkin, J. M. y Levinson, S. (2012). The dangerous Thirteenth Amendment. *Columbia Law Review*, 112, 1459-1499.

Baker, R. S. (1964). *Following the Color Line. An account of Negro citizenship in the American Democracy*. Nueva York: Harper Torchbooks-The University Library.

Barnett, R. E. (1997). Was slavery unconstitutional before the Thirteenth Amendment? Lysander Spooner's Theory of Interpretation. *Pacific Law Journal*, 28, 977-1014.

Barnett, R. E. (2013). From Antislavery Lawyer to Chief Justice: The remarkable but forgotten career of Salmon P. Chase. *Western Reserve Law Review*, 63, 653-702.

Bell, D. A. (2004) *Race, Racism and American Law*, Nueva York: Aspen Publishers.

Berger, R. (1977). *Government by the Judiciary: The transformation of the Fourteenth Amendment*. Cambridge, Massachusetts, London: Harvard University Press.

Birckhead, T. R. (2015). The New Peonage. *Washington & Lee Law Review*, 72, 1595-1677.

Billings, W. M. (1991). The law of servants and slaves in seventeenth-century Virginia. *The Virginia Magazine of History and Biography*, 99, 45-62.

Brantner, W. T. (1995) *The Black Codes of the South*. Alabama: University of Alabama Press.

Brettschneider, C. (2012). *Constitutional Law and American Democracy. Cases and Readings*. Nueva York: Wolters Kluwer Law & Business.

Brown Source, I. (1983). «Am I not a woman and a sister?» The Anti-slavery Convention of American Women, 1837-1839. Pennsylvania History: A Journal of Mid-Atlantic Studies. 50, 1-19.

Bumiller, K. (1988) *The Civil Rights Society. The Social Construction of the Victims*. Baltimore, London: The Johns Hopkins University Press.

Carter, W. M. (2004). A Thirteenth Amendment Framework for Combating Racial Profiling. *Harvard Civil Rights Civil Law Law Review*, 39, 17-93.

Carter, W. M. (2007), Race, Rights and Thirteenth Amendment. Defining the Badges and Incidents of Slavery. *University of California, Davis, School of Law*, 40, 1311-1379.

Carter, W. M. (2012). The Abolition el Slavery in the United States. Historical context and its Contemporary Application. En: J. Allain (Ed.), *The Legal Understanding of Slavery: From the Historical to the Contemporary*, Oxford: Oxford University Press.

Carter, W. M. (2016). Class as Caste: The Thirteenth Amendment's Applicability to Class-Based Subordination. *Seattle University Law Review*, 39, 813-827.

Carper, G. N. (1976). Slavery Revisited: Peonage in the South. *Phylon*, 37, 85-99.

Cohen, W. (1976), Negro Involuntary Servitude in the South, 1865-1940: A Preliminary Analysis. *The Journal of Southern History*, 1, 31-60.

Cook, J. M. (1985). Involuntary Servitude: Modern Conditions Addresed in United States v. Mussry. *Catholic University Law Review*, 34, 153-179.

Craven, F. W. (1971). Twenty negroes to Jamestown in 1619? *The Virginia Quarterly Review*, 47, 416-420.

Curtin, M. E. (2000). *Black Prisoners and Their World*, Alabama, 1965-1900. Charlottesville/Londres: University Press of Virginia.

Davis, A. Y. (1972). Reflections on the Black Woman's Role in the Community of Slaves. *The Massachusetts Review*, 13, 81-100.

Davis, A. Y. (2004). *Mujeres, Raza y Clase*. Madrid: Akal Ediciones.

Davis, A. Y. (2016). *Democracia de la Abolición. Prisiones, racismo y violencia*. Madrid: Trotta.

Daniel, P. (1979). The Metamorphosis of Slavery, 1865-1900. *The Journal of American History*, 66, 88-99.

Degler, C. N. (1959). Slavery and the Genesis of American Race Prejudice. *Comparative Studies in Society and History*, 2 (1), 49-66.

De Tocqueville, A. (1989) La Democracia en América, I (traducida por Eduardo Nolla), Madrid: Aguilar, S. A. de Ediciones.

Du Bois W. E. B. (2020). *Las almas del pueblo negro* (traducido por Héctor Arnau), Capitán Swing (versión kindle).

Dueholm, J. A. (2010). A Bill of Lading Delivers the Goods The Constitutionality and Effect of the Emancipation Proclamation. *Journal of the Abraham Lincoln Association*, 31, 22-38.

Farber, D. A. (2006). Completing the Work of the Framers: Lincoln's Constitutional Legacy. *Journal of The Abraham Lincoln Association*, 27, 1-12.

Finkelman, P. (1993). The centrality of the peculiar institution in American legal development. *Chicago-Kent Law Review*, 68, 1009-1033.

Finkelman, P. (2000). Teaching Slavery in American Constitutional Law. *Akron Law Review*, 34 (1), 1-31.

Finkelman, P. (2001). The Founders and Slavery: Little Ventured, Little Gained. *Yale Journal of Law & the Humanities*,13, 413-499.

Finkelman, P. (2011). The Cost of Compromise and the Convenant with Death. *Pepperdine Law Review*, 38, 845-888.

Finkelman, P. (2012). Slavery in the United States: Persons or Property? En: J. Allain (Ed.), *The Legal Understanding of Slavery: From the Historical to the Contemporary*, Oxford: Oxford University Press.

Finkelman, P. (2013). How the Proslavery Constitution led to the Civil War. *Rutgers Law Journal*, 43, 405-438.

Finkelman, P. (2015). How the Civil War changed the Constitution. The New York Times, 2 de junio de 2015. Recuperado de: https://opinionator.blogs.nytimes.com/2015/06/02/how-the-civil-war-changed-the-constitution/

Foner, E. (1995). *Free Soil, Free Labor, Free Men. The Ideology of the Republican Party before the Civil War*. Oxford: Oxford University Press.

Foner, E. (1998). *La Historia de la Libertad en EE. UU.* Barcelona: Ediciones Península.

Foner, E. (1999). The Continuing Evolution of Reconstruction History. *OAH Magazine of History*, 4 (1), 11-13.

Foner, E. (2009). Our Lincoln. *The Nation*, 26 de enero de 2009. Recuperado de: http://www.ericfoner.com/articles/012609nation.html

Foner, E. (2012). The Supreme Court and the History of Reconstruction-and Vice-Versa. *Columbia Law Review*, 112 (7), 1585-1606.

Foner, E. (2013). «The Emancipation of Abe Lincoln», New York Times, 1 de enero de 2013. Recuperado de: http://www.ericfoner.com/articles/010113nytimes.html

Foner, E. (2018). «*On the Fugitive Slave Act*». Recuperado de: http://www.pbs.org/wgbh/aia/part4/4i3094.html

Frank, C. W. (1971). Twenty negroes to Jamestown in 1619? *The Virginia Quarterly Review*, 47, 416-420.

Frank, J. P. y Munro, R. F. (1950). The original understanding of «Equal Protection of the Law». *Columbia Law Review*, 50, 131-169.

Forte, D. F. (1998). Spiritual Equality, the Black Codes and the Americanization of the Freedmen. *Loyola Law Review*, 43, 569-611.

Garcia, M. J., Devereaux, N., Totten, M., Tyson, A. (Eds.) (2017). *The Constitution of the United States of America. Analysis and Interpretation*. Washington: U. S. Government Publishing Office.

Graber, M. A. (2016). The Second Freedmen's Bureau Bill's Constitution. *Texas Law Review*, 94, 1361-1402.

Graham, F. L. (2003). *Equal Protection. Rights and Liberties under the Law*. Santa Barbara, Denver, Oxford: ABC CLIO.

Grau, L. (2011) *El constitucionalismo norteamericano. Materiales para un curso de historia de las constituciones*. Madrid: Universidad Carlos III.

Green, C. (2017). Duly Convicted: The Thirteenth Amendment as Procedural *Due process. The Georgetown Journal of Law & Public Policy*, 15, 73-113.

Greene, J. (2012). Thirteenth Amendment Optimism. *Columbia Law Review*, 112, 1733-1768.

Haag, J. H. (1988). Involuntary Servitude: An Eighteenth-Century Concept in Search of a Twentieth-Century Definition, *Pacific Law Journal*, 19, 873-904.

Hickman, C. B. (1997). The Devil and the One Drop Rule: Racial Categories, African Americans, and the U. S. Census. *Michigan Law Review*, 97, 1161-1265.

Hope, F. J. (1990). The Civil Rights Act of 1866 Revisited. *The Hastings Law Journal*, 41, 1135-1148.

Howe, S. W. (2009). Slavery as Punishment: Original Public Meaning, Cruel and Unusual Punishment, and the Neglected Clause in the Thirteenth Amendment. *Arizona Law Review*, 51, 983-1034.

Horton, J. O. y Horton, L. E. (1993). A Federal Assault: African Americans and the impact of The Fugitive Slave Law of 1850. *Chicago-Kent Law Review*, 68, 1179-1197.

Jones, J. (1986). *Labor of Love. Labor of sorrow. Black women, Work, and the family from the slavery to the present.* Nueva York: Vintage Books.

Karst, K. L. (1989), *Belonging to America. Equal Citizenship and the Constitution*, New Heaven, London: Yale University Press.

Kaplin, W. (2004). *American Constitutional Law. An overview, Analysis and Integration*, Durham: Carolina Academic Press.

Kares, L. (1995). The Unlucky Thirteenth: A Constitutional Amendment in search of a doctrine. *Cornell Law Review*, 80, 372-412.

Killian, J. H., Costello, G. A. (2004). *The Constitution of the United States of America. Analysis and Interpretation.* Washington: U. S. Government Printing Office.

Kish Sklar, K. (1990). Women Who Speak for an Entire Nation: American and British Women Compared at the World Anti-Slavery Convention, London, 1840. *Pacific Historical Review*, 59, pp. 453-499.

Kluger, R. (2004). *Simple Justice. The History of Brown v. Board of Education and Black America's Struggle for Equality.* Nueva York: Vintage Books.

Koonce Jr., K. T. (1989). United States v. Kozminski: On the Threshold of Involuntary Servitude. *Pepperdine Law Review*, 16, 689-708.

Lash, Kurt. T. (2018). Enforcing the Rights of *Due process*: The Original Relationship Between the Fourteenth Amendment and the 1866 Civil Rights Act. The Georgetown Law Journal, 106, 1389-1467.

Levine, M. L. (1996). *African American and Civil Rights. From 1619 to the present.* Phoenix, Arizona: Oryx Press.

Levinson, S. (2011). Compromise and Constitutionalism. *Pepperdine Law Review*, 38, 821-844.

Lyons, D. P. (2017). Wealth concentration, racial subordination, and political corruption. *Nomos*, 58, 226-234.

Mason McAward, J. (2011). Congressional Authority to interpret the Thirteenth Amendment: A response to profesor Tsesis. *Maryland Law Review*, 71, 60-82.

Mason McAward, J. (2012). Defining the Badges and Incidents of Slavery. *Journal of Constitutional Law*, 14, 561-630.

Maynard. D. H. (1960). The World's Anti-Slavery Convention of 1840. *The Mississippi Valley Historical Review*, 47 (3), pp. 452-471.

McConnell, M. W. (1997). Institutions and Interpretation: A critique of City of Boerne v. Flores. Harvard Law Review, 153-195.

Miller, D. A. H. (2008). White Cartels, The Civil Rights Act of 1866, and the History of Jones v. Alfred H. Mayer Co. *Fordham Law Review*, 77, 999-1050.

Morrison, T. (2018). *El origen de los otros*, Barcelona: Lumen.

Oman, N. B. (2009). Specific Performance and the Thirteenth Amendment. *Minnesota Law Review*, 93, 2020-2099.

Newby-Alexander, C. L. (2020). The «Twenty and Odd»: The Silences of Africans in Early Virginia revealed. *Phylon*, 57, 25-36.

Oñate, A. (2004). El sur de los EE. UU: Desde la esclavitud hasta la lucha por los derechos 1civiles (un crítico repaso histórico). *Trocadero. Revista Del Departamento De Historia Moderna, Contemporánea, de América y del Arte*, 1(16), 283-298.

Osborn, R. (2008). William Lloyd Garrison and the United States Constitution: the political evolution of an american radical. *Journal of Law & Religion*, 24, pp. 65-88.

Patterson, O. (1982). *Slavery and Social Death. A Comparative Study*. Cambridge, Massachusetts, Londres: Harvard University Press.

Pokorak, J. (2006). Rape as a badge os slavery: The Legal History of, and remedies for, prosecutorial race-of-victim charging disparities, *Nevada Law Journal*, 7, 1-54.

Pope, J. G. (2011). What's Different about the Thirteenth Amendment, and why does it matter? *Maryland Law Review*, 71, 189-202.

Pope, J. G. (2018). Section 1 of the Thirteenth Amendment and the Badges and Incidents of Slavery. *UCLA Law Review*, 65, 426-486.

Pope, J. G. (2019). Mass incarceration, convict leasing and the Thirteenth Amendment: a revisionist account. *New York University Law Review*, 94, 1465-1554.

Reed Amar, A. y Widawsky, D. (1992). Child Abuse as Slavery: A Thirteenth Amendment response to Deshaney. *Harvard Law Review*, 105, 1359-1385.

Roberts, D. (1997). *Killing the black body. Race, Reproduction, and the meaning of Liberty*. Nueva York: Vintage Books.

Rogowski, J. C. (2018). Reconstruction and the State: The Political and Economic Consequences of the Freedmen's Bureau. Recuperado de: https://scholar.harvard.edu/files/rogowski/files/freedmens_bureau_0.pdf

Rutherglen, G. (2008). State Action, Private Action, and the Thirteenth Amendment. *Virginia Law Review*, 94, 1367-1406.

Rutherglen, G. (2012). The Thirteenth Amendment, the Power of Congress, and the Shifting Sources of Civil Rights Law. *Columbia Law Review*, 112,1551-1584.

Schmidt Jr., B. C. (1982). Principle and Prejudice: The Supreme Court and Race in the Progressive Era. Part 1: The Heyday of Jim Crow. *Columbia Law Review*, 82(3), 444-524.

Schmidt Jr., B. C. (1982). Principle and Prejudice: The Supreme Court and Race in the Progressive Era. Part 2: The «Peonage Cases». *Columbia Law Review*, 82 (4), 646-718.

Schmidt, C. W. (2022). Thirteenth Amendment Echoes in Fourteenth Amendment Doctrine. *Hastings Law Journal*, 73, 723-768.

Schnapper, E. (1985). Affirmative Action and the Legislative History of the Fourteenth Amendment. *Virginia Law Review*, 71, 753-798.

Sharfsteint, D. J. (2007). Crossing the Color Line: Racial Migration and the One-Drop Rule, 1600-1860. *Minnesota Law Review*, 91, 592-656.

Sood, R. (2018). Biases behind sexual assault. A Thirteenth Amendment Solution to Under-Enforcement of the Rape of Black Women. *University of Maryland Law Journal of Race, Religion, Gender & Class*, 18, 405-428.

Stampp, K. M. (1956). *The Peculiar Institution: Slavery in the Ante – Bellum South*, Nueva York: Vintage Books.

Star, R. (1973). Historians and the Origins of British North American Slavery. *The Historian*, 36, 1-18.

Sunstein, C. (2003). Affirmative Action in Higher Education: Why Grutter was correctly decided. *The Journal of Blacks in Higher Education*, 41, 80-83.

Sunstein, C. (2004). Black on *Brown*. Virginia Law Review, 90, 1649-1665.

Tsesis, A. (2002). The Problem of Confederate Symbols: A Thirteenth Amendment Approach, *Temple Law Review*, 75, 539-612.

Tsesis, A. (2004). Furthering American Freedom: Civil Rights & Thirteenth Amendment. *Boston College Law Review*, 45, 307-390.

Tsesis, A. (2006). A Civil Rights Approach: Achieving Revolutionary Abolitionism Through the Thirteenth Amendment. *University of California Davis Law Review*, 39, 1773-1850.

Tsesis, A. (2011). Congressional Authority to interpret the Thirteenth Amendment. *Maryland Law Review*, 71, 40-59.

Tsesis, A. (2018). Antislavery Constitutionalism. Encyclopedia of the Supreme Court of the United States. Recuperado de: https://ssrn.com/abstract=1278687

tenBroek, J. (1965). *Equal Under Law*. Nueva York: Collier Books. 1965.

tenBroek, J. (1951). Thirteenth Amendment to the Constitution of the United States. Consummation to abolition and key to the Fourteenth Amendment. *California Law Review*, 39, 171-203.

Vaughan, A. T. (1989). The origins debate. Slavery and Racism in Seventeenth-Century Virginia. *The Virginia Magazine of History and Biography*, 97, 311-354.

Vorenberg, M. (2001). *Final Freedom. The Civil War, the abolition of the Slavery and the Thirteenth Amendment*, Cambridge: Cambridge University Press.

Winthrop, J. D. (1962). Modern tensions and the origins of American slavery. *The Journal of Southern History*, 28, 18-30.

Wolfe, C. (1986). *The Rise of Modern Judicial Review. From Constitutional Interpretation to Judge-Made Law*. Nueva York: Basic Books, Inc. Publishers.

Zietlow, R. E. (2011). Contextualizing the Thirteenth Amendment: James Ashely and Antislavery Constitucionalism. University of Toledo Legal Studies Research Paper No. 2011-01. Recuperado de: SSRN: https://ssrn.com/abstract=1781103 or http://dx.doi.org/10.2139/ssrn.1781103

Zietlow, R. E. (2010). Free at last ¡Anti-subordination and the Thirteenth Amendment! *Boston University Law Review*, 90, 255-312.

Zinn, H. (1997). *La otra historia de los Estados Unidos. Desde 1492 al presente.* Nueva York: Siete Cuentos Editorial.

Guía de uso

¡ENHORABUENA!

ACABAS DE ADQUIRIR UNA OBRA QUE **INCLUYE LA VERSIÓN ELECTRÓNICA.**
APROVÉCHATE DE TODAS LAS FUNCIONALIDADES.

ACCESO INTERACTIVO A LOS MEJORES LIBROS JURÍDICOS

FUNCIONALIDADES

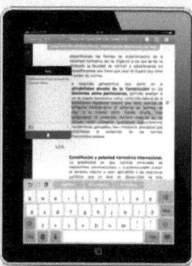

SELECCIONA Y DESTACA TEXTOS

Crea anotaciones y escoge los colores para organizar tus notas y subrayados.

USA EL TESAURO PARA ENCONTRAR INFORMACIÓN

Al comenzar a escribir un término, aparecerán las distintas coincidencias del índice del Tesauro relacionadas con el término buscado.

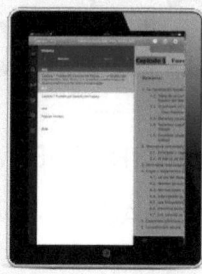

HISTÓRICO DE NAVEGACIÓN

Vuelve a las páginas por las que ya has navegado.

ORDENAR

Ordena tu biblioteca por: Título (orden alfabético), tipo (libros y revistas), editorial, jurisdicción o área del Derecho.

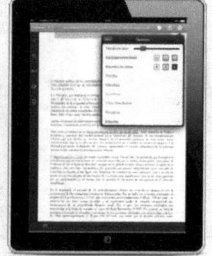

CONFIGURACIÓN Y PREFERENCIAS

Escoge la apariencia de tus libros y revistas cambiando la fuente del texto, el tamaño de los caracteres, el espaciado entre líneas o la relación de colores.

MARCADORES DE PÁGINA

Crea un marcador de página en el libro tocando en el icono de Marcador de página situado en el extremo superior derecho de la página.

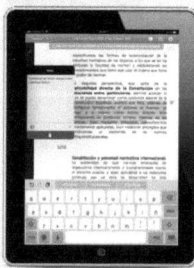

BÚSQUEDA EN LA BIBLIOTECA

Busca en todos tus libros y obtén resultados con los libros y revistas donde los términos fueron encontrados y las veces que aparecen en cada obra.

IMPORTACIÓN DE ANOTACIONES A UNA NUEVA EDICIÓN

Transfiere todas sus anotaciones y marcadores de manera automática a través de esta funcionalidad.

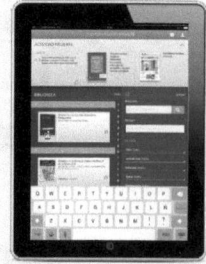

SUMARIO NAVEGABLE

Sumario con accesos directos al contenido.

Estimado/a cliente/a,

Para acceder a la versión electrónica de este libro, por favor, accede a **http://onepass.aranzadi.es** Tras acceder a la página citada, introduce tu dirección de correo electrónico (*) y el código que encontrarás en el interior de la cubierta del libro.

A continuación pulsa enviar.

Si te has registrado anteriormente en OnePass, en la siguiente pantalla se te pedirá que introduzcas el NIF asociado al correo electrónico.

Finalmente, te aparecerá un mensaje de confirmación y recibirás un correo electrónico confirmando la disponibilidad de la obra en tu biblioteca.

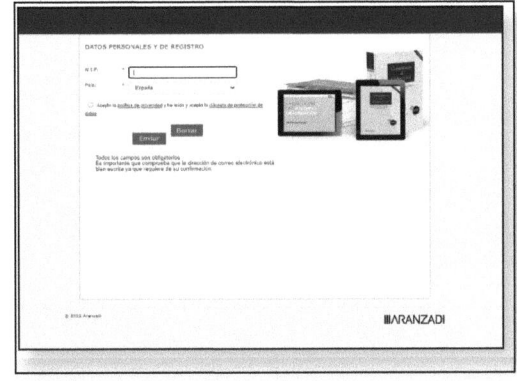

Si es la primera vez que te registras en **OnePass,** deberás cumplimentar los datos para crear tu cuenta y poder acceder a tu libro electrónico.

- Los campos **"Nombre de usuario"** y **"Contraseña"** son los datos que utilizarás para acceder a las obras que tienes disponibles a través del navegador en la ruta www.proview.thomsonreuters.com

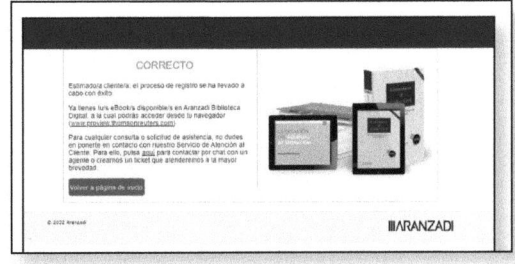

Servicio de Atención al Cliente

Ante cualquier incidencia en el proceso de registro de la obra no dudes en ponerte en contacto con nuestro Servicio de Atención al Cliente. Para ello accede a nuestro Portal Corporativo y una vez allí en el apartado del Centro de Atención al Cliente selecciona la opción de Acceso a Soporte para no Suscriptores (compra de Publicaciones).